KB211224

# 읽는 아이가
# 미래를
# 지배한다

한국 최고의 문해력 전문가
신종호 교수의 자녀교육 특강

# 읽는 아이가 미래를 지배한다

— 신종호 지음 —

시원
북스

# 볼 수 있어도 읽을 수 없는 세상,
# 우리 아이들의 미래를 위협하는 새로운 문맹

"햇빛은 밝은데 앞이 보이지 않는 것 같았어요.

지하철역 이름도, 버스 번호도, 약국 간판도…

모든 글자가 그림처럼 보였죠.

80년을 살면서 가장 두려웠던 건

누군가 내게 '이걸 한 번 읽어보세요'라고

말하는 순간이었습니다."

글을 읽지 못한다는 것은 단순히 불편한 것이 아니다. 그
것은 세상과 단절된 채 살아가는 것이고, 매 순간 두려움과
불안을 안고 살아가는 것이다. 전통적으로 우리가 말하는
문맹에 관한 이야기다.

오늘날 우리가 마주한 새로운 형태의 문맹은 더욱 교묘
하고 위험하다. 글자는 읽을 수 있지만 의미는 이해하지 못
하는 '기능적 문맹', 디지털 기기는 능숙하게 다루지만 정보
의 진위를 판단하지 못하는 '디지털 문맹', 그리고 'TLDR<sup>Too</sup>
<sup>Long Don't Read</sup> 세대'의 '긴호흡 문맹'의 등장은 우리 사회의 미
래를 위협하는 심각한 경고음이다.

특히 충격적인 것은 태어나면서부터 디지털 환경에 노출
되어 자라는 '디지털 네이티브'<sup>digital native</sup> 세대라 불리는 우리
아이들의 문해력 현실이다. 태어날 때부터 스마트폰을 접
한 이 세대는 놀라운 디지털 활용능력을 보인다. 하지만 그
들은 역설적으로 가장 기본적인 삶의 능력을 잃어가고 있

다. 15초짜리 숏폼short-form 영상에는 열광하지만, 한 편의 글을 깊이 있게 읽어내지는 못한다. 수많은 정보를 빠르게 훑어보지만, 그 의미를 깊이 있게 이해하지는 못한다.

이것이 왜 위험한 걸까? ChatGPT와 같은 인공지능이 일상화된 시대에서, 인간에게 가장 필요한 것은 정보를 단순히 습득하는 것이 아닌, 그것을 비판적으로 분석하고 창의적으로 활용하는 능력이다. 하지만 깊이 있는 문해력 없이는 이러한 능력을 키울 수 없다. 인공지능은 우리의 질문에 답할 수는 있지만, 올바른 질문을 던지고 그 답변의 가치를 판단하는 것은 오직 인간의 몫이기 때문이다.

더 심각한 것은 이러한 문제가 단순한 학습능력의 결여를 넘어, 민주주의의 근간을 위협할 수 있다는 점이다. 가짜뉴스와 허위정보가 범람하는 시대에서, 정보를 비판적으로 분석하고 가치를 판단하는 능력은 민주시민의 필수역량이다. 문해력의 부재는 곧 민주주의의 위기로 이어질

태어날 때부터 스마트폰을 접한 세대는 놀라운 디지털 활용능력을 보이지만
역설적으로 가장 기본적인 삶의 능력을 잃어가고 있다.

수 있다는 것이다.

따라서 21세기 문해력은 단순히 글을 읽고 쓰는 기술이 아니다. 그것은 세상을 바라보는 눈이자, 생각하는 방식이 며, 궁극적으로는 우리의 존재 방식을 결정하는 근본적인 능력이다. 데카르트의 "나는 생각한다, 고로 존재한다"라 는 명제처럼, 깊이 있게 읽고 사고하는 능력은 인간다운 삶 의 본질적 조건인 것이다.

이제 우리는 선택의 기로에 서 있다. 디지털 기술의 편리 함에 매몰되어 진정한 사고력을 잃어버릴 것인가, 아니면 기술과 인간의 고유한 능력을 조화롭게 발전시켜 나갈 것 인가? 그 답은 우리가, 그리고 우리 아이들이 어떤 문해력 을 갖추느냐에 달려 있을 것이다.

문해력에 관한 이 책의 이야기들은 바로 문해력에 대한 시대적 고민에서 시작된다. 우리에게 지금 어떤 문해력이 필요한지, 그리고 그것을 어떻게 키워나갈 수 있는지, 함께 고민하고 해답을 찾아보고자 한다. 이는 단순한 교육의 문제가 아닌, 우리와 우리 아이들의 미래를 결정할 중요한 시대적 과제이기 때문이다.

## 목차

## 2장. 어휘와 학습

# 4부. 효과적인 읽기 방법

## 1장. 깊이 있는 읽기

## 2장. 다양한 읽기 전략

## 3장. 창의적 독서 사례

## 마치는 말

1부

# 새롭게 읽는
# 21세기 문해력

# 1장

## 과거의 문해력,
## 오늘의 문해력

# 읽고 쓸 줄 아는 것만으로
# 충분했던 옛날

　1800년대 말, 영국의 한 방직 공장. 새로 온 노동자 제임스는 기계 작동법이 적힌 매뉴얼을 읽지 못해 당황했다. 그는 평생 농사만 짓다가 더 나은 삶을 위해 도시로 왔지만, 글을 읽지 못한다는 이유로 일자리를 얻는 데 어려움을 겪었다. 이것이 바로 1차 산업혁명 시대의 모습이다.

　1차 산업혁명은 인류 역사상 가장 극적인 변화 중 하나였다. 증기기관의 발명으로 시작된 이 혁명은 사회 전반에 엄청난 변화를 가져왔고, 교육 분야에서도 큰 변화를 가져왔다. 도시에는 수많은 공장이 세워졌고, 이전까지 농사나 수공업에 종사하던 사람들이 공장 노동자로 변모했다. 이 시기에 문해력이 특별히 강조된 것은 바로 산업화된 사회의 필요 때문이었다. 공장에서 일하기 위해서는 기본적으로 매뉴얼을 읽고 이해할 수 있어야 했고, 상사의 지시사항을 메모할 수 있어야 했다. 더 이상 문맹은 개인의 문제가 아닌 사회적 문제로 인식되기 시작했던 것이다.

이러한 사회적 요구에 부응하여 각국은 의무교육을 실시하기 시작했다. 1870년 영국의 초등교육법 제정, 1882년 프랑스의 의무교육법 제정 등이 대표적인 예이다. 한국에서도 1949년 교육법이 제정되면서 6년간의 초등교육이 의무화되었다. 이때의 교육은 프러시아식 교육모델을 기반으로 했는데, 이는 마치 작은 공장과도 같았다. 학생들은 나이별로 구분되어 종소리에 맞춰 수업을 들었고, 표준화된 교육과정을 통해 읽기, 쓰기, 셈하기와 같은 기초능력을 배웠다.

당시의 문해력은 주로 '기능적 문해력'에 초점이 맞춰져 있었다. 즉, 주어진 텍스트를 읽고 이해할 수 있으며, 기본적인 의사소통이 가능한 수준이면 충분했던 것이다.

예를 들어, 공장의 안전수칙을 읽고 이해할 수 있거나, 간단한 업무 보고서를 작성할 수 있는 정도면 됐다. 이는 현대 사회에서 요구되는 비판적 사고나 창의적 표현과는 거리가 있는 것이었다.

하지만 이러한 기초 문해력의 확산은 인류 역사에서 매우 중요한 의미를 가졌다. 문자를 통한 지식의 전달과 보존이 가능해졌고, 이는 과학기술의 발전과 산업화를 더욱 가속화했다. 또한 신문이나 책을 통해 새로운 정보와 지식을 얻을 수 있게 되면서, 시민들의 정치적 참여도 늘어났다. 특히 주목할 만한 점은, 이 시기에 확립된 보편적 교육시스템이 현대 교육의 기틀이 되었다는 것이다. 비록 당시의 교육이 산업화에 필요한 인력을 양성하는 데 초점이 맞춰져 있었지만, 모든 시민에게 교육 기회를 제공한다는 원칙은 현대 민주주의 사회의 중요한 기반이 되었다.

# 쏟아지는 정보의 홍수,
# 디지털 시대의 새로운 문해력

"한 고등학생이 학교 과제를 위해 인터넷 검색을 하다가 혼란에 빠졌다.
기후변화에 대한 보고서를 작성하려 했지만,
서로 상반된 수많은 정보들 속에서
무엇이 진실인지 판단하기 어려웠다.
인공지능 챗봇은 순식간에 그럴듯한 답변을 내놓았지만,
그 정보를 그대로 신뢰해도 될지 확신이 서지 않았다."

　　이것이 바로 우리 아이들이 직면한 현실이다. 현대 사회
는 하루에도 수백, 수천 개의 정보가 쏟아지는 '정보 과잉의
시대'다. 2018년 IBM의 연구보고서에 따르면, 매일 전 세
계에서 생성되는 데이터의 양은 2.5엑사바이트[EB]에 달한
다고 한다. 1엑사바이트는 약 10억 기가바이트[GB], 250만 테
라바이트[TB]에 해당하는 양이다. 더군다나 ChatGPT와 같

은 인공지능 도구들의 등장으로 정보의 생산과 유통은 더욱 가속화되고 있다.

　이러한 변화는 문해력의 개념을 완전히 새롭게 정의하게 만들었다. OECD는 현대사회에서의 문해력을 "자신의 목표를 달성하고, 지식과 잠재력을 개발하며, 사회에 참여하기 위해 다양한 형태의 문서화된 텍스트를 이해, 평가, 활용할 수 있는 능력"이라고 정의한다. 이는 단순히 텍스트를 읽고 이해하는 것을 넘어, 정보를 비판적으로 평가하고, 창의적으로 활용할 수 있는 능력까지 포함하는 개념이 바로 문해력이라는 것이다. 디지털 시대의 새로운 문해력은 지식을 이해하는 힘과 더불어 비판적 능력과 창의적 능력을 포함하는 복합적인 능력들이다.

**과거의 문해력**
주어진 텍스트를 읽고 이해할 수 있으며,

기본적인 의사소통이 가능한 수준

**디지털 시대의 새로운 문해력**
자신의 목표를 달성하고, 지식과 잠재력을 개발하며,
사회에 참여하기 위해 다양한 형태의 문서화된 텍스트를
이해, 평가, 활용할 수 있는 능력 (OECD)

특히, 디지털 시대의 문해력에서 강조되는 것이 '비판적 이해력'이다.

예를 들어, 소셜미디어에서 어떤 정보를 접했을 때, 그 정보의 출처는 무엇인지, 어떤 의도로 작성되었는지, 객관적 사실과 주관적 의견은 어떻게 구분되어 있는지를 파악할 수 있어야 한다. 실제 디지털 시대를 살아가는 우리 청소년들의 정보 판별 능력에 대한 우려가 커지고 있다. 이는 단순한 추측이 아닌, 대규모 연구를 통해 확인된 사실이다.

스탠포드 대학교 역사교육그룹[SHEG]이 2016년에 수행한 연구는 주목할 만한 결과를 보여준다.[1] 이 연구는 7,800명의 중고등학생과 대학생을 대상으로 진행되었는데, 참가자의 82%가 '스폰서드[sponsored] 콘텐츠(광고)'와 실제 뉴스를 구분하지 못했다. 더욱 놀라운 것은 약 70%의 학생들이 소셜미디어에서 접하는 정보의 신뢰성을 평가하는 데 어려움을 겪고 있다는 점이다. 커먼센스미디어[Common Sense Media]가 2019년에 13~17세 청소년 1,000명을 대상으로 실시한 조사 결과도 이를 뒷받침한다. 이 조사에서는 응답자의 31%만이 가짜뉴스를 식별할 수 있다고 자신감을 보였으며, 54%가 뉴스의 진위 여부를 판단하는 것이 어렵다고 응답했다고 한다.[2]

# 세계경제포럼의 문해력 정의
# '21세기를 살아가는 미래세대의 핵심 역량'

2016년 세계경제포럼<sup>WEF, 다보스포럼</sup>이 문해력을 21세기의 핵심 미래 역량으로 강조한 것은 매우 의미심장하다. 인공지능과 자동화가 급속도로 발전하는 시대에, 가장 기본적인 능력인 문해력이 다시금 주목받게 된 이유를 살펴볼 필요가 있다. 특히 딥러닝과 자연어 처리 기술의 발전으로 인공지능이 텍스트를 분석하고 생성하는 능력이 날로 향상되는 상황에서, 인간의 문해력이 여전히 중요한 이유를 이해해야 한다.

문해력은 마치 건물의 기초공사와도 같다. 아무리 화려한 건축물을 세우고자 해도, 튼튼한 기초가 없다면 그 건물은 오래 버티지 못할 것이다. 마찬가지로 창의적 사고, 비판적 사고, 협력, 소통과 같은 21세기의 핵심 역량들도 탄탄한 문해력이라는 기초가 없다면 제대로 발현될 수 없다. 현대 사회에서 요구되는 복잡한 인지능력들은 모두 깊이 있는 문해력을 토대로 발달하기 때문이다.

　예를 들어, 창의적 사고를 생각해보자. 진정한 창의성은 결코 진공 상태에서 나오지 않는다. 다양한 지식과 정보를 깊이 있게 이해하고, 이를 새롭게 조합하고 재구성하는 과정에서 창의성이 발현된다. 이때 문해력은 그 기반이 되는 지식과 정보를 효과적으로 습득하고 이해하는 데 필수적인 도구가 된다. 애플의 스티브 잡스나 테슬라의 일론 머스크와 같은 혁신가들은 모두 어린 시절부터 광범위한 독서를 통해 다양한 분야의 지식을 쌓았고, 이를 바탕으로 혁신적인 아이디어를 발전시킬 수 있었다.

　비판적 사고 역시 마찬가지다. 정보의 홍수 속에서 진실과 거짓을 구분하고, 표면적인 현상 너머의 본질을 파악하기 위해서는 높은 수준의 문해력이 요구된다. 단순히 글자를 읽을 수 있는 것을 넘어, 텍스트의 맥락을 이해하고 그 속에 담긴 의도와 의미를 파악할 수 있어야 한다. 특히 가짜뉴스와 허위정보가 범람하는 현대 사회에서, 이러한 비판적 문해력의 중요성은 더욱 커지고 있다.

협력과 소통 능력 또한 문해력과 밀접한 관련이 있다. 타인의 생각을 정확히 이해하고, 자신의 생각을 효과적으로 전달하기 위해서는 깊이 있는 문해력이 뒷받침되어야 한다. 특히 디지털 시대에는 더욱 다양한 형태의 의사소통이 이루어지므로, 문자를 통한 소통 능력의 중요성이 더욱 커지고 있다. 이메일, 메신저, 소셜 미디어 등 텍스트 기반의 커뮤니케이션이 일상화된 현대 사회에서, 문해력은 곧 소통력과 직결된다.

더욱이 문해력은 지속적인 학습을 가능케 하는 핵심 도구다. 21세기는 평생학습의 시대다. 기술이 빠르게 발전하고 사회가 급변하는 상황에서, 우리는 끊임없이 새로운 것을 배우고 적응해야 한다. 이러한 지속적인 학습의 과정에서 문해력은 필수불가결한 능력이다. 2016년 세계경제포럼의 미래 직업The Future of Jobs 보고서에 따르면, 현재 초등학생의 65%는 앞으로 지금 존재하지 않는 직업을 갖게 될 것이라고 한다.[3] 델테크놀로지스Dell Technologies의 2017년 연구에서는 85%로 추정 수치가 더 높게 제안되기도 하였다. 이러한 불확실한 미래에 대비하기 위해서는 새로운 지식과 기술을 빠르게 습득할 수 있는 능력이 필요하며, 이는 탄탄한 문해력을 기반으로 한다.[4]

따라서 문해력은 단순한 기능적 능력이 아닌, 미래 사회를 살아가기 위한 핵심 역량이라고 할 수 있다. 마치 컴퓨터의 운영체제처럼, 문해력은 다른 모든 능력들이 제대로 작동할 수 있게 하는 기반 시스템인 것이다. 문해력이 부족하면 다른 어떤 뛰어난 능력도 제대로 발휘되기 어려우며, 반대로 높은 문해력은 다른 모든 능력의 발달을 촉진하는 촉매제가 된다.

미래 사회는 더욱 복잡해지고 예측하기 어려워질 것이다. 이러한 불확실성 속에서 문해력은 우리가 세상을 이해하고, 새로운 것을 학습하며, 타인과 소통할 수 있게 하는 가장 기본적이면서도 핵심적인 능력이 될 것이다. 그리고 이는 인공지능이 아무리 발전하더라도, 인간만이 가질 수 있는 고유한 능력으로 남을 것이다. 따라서 우리는 문해력 향상을 위한 노력을 미래를 위한 투자로 인식하고, 이에 더욱 적극적인 관심을 기울여야 할 것이다.

## 지식의 반감기와 평생학습시대, 자기주도학습력으로서 문해력

《특이점이 온다》의 저자이자 구글의 엔지니어였던 레이 커즈와일의 통찰은 우리 시대의 중요한 특징을 정확히 짚어낸다. 21세기 첫 15년간의 과학기술 발전이 20세기 전체의 발전과 맞먹는다는 그의 관찰은, 우리가 얼마나 급격한 변화의 시대를 살아가고 있는지를 생생하게 보여준다. 이러한 변화의 속도는 계속해서 가속화되고 있으며, 이는 우리의 학습 방식에도 근본적인 변화를 요구하고 있다. 특히 인공지능과 빅데이터 기술의 발전은 지식의 생산과 유통 속도를 더욱 가속화시키고 있어, 이전과는 완전히 다른 학습 패러다임이 필요한 시점이다.

  과거에는 한번 배운 지식이 평생 유효했다. 대학에서 배운 전공 지식이나 직장에서 익힌 기술은 수십 년간 그 가치를 유지했다. 하지만 현재는 불과 몇 년 전에 배운 기술이 이미 구식이 되어버리는 일이 빈번해졌다. 새로운 기술이 등장하고, 새로운 직업이 생겨나며, 기존의 일자리는 사라지고 있다. 예를 들어, 스마트폰 앱 개발자나 인공지능 엔지니어와 같은 직업은 20세기 사회에서는 존재하지 않았던 직종이다. 반대로 많은 전통적인 직업들은 자동화와 디지털화로 인해 빠르게 사라지고 있다.

이러한 현상을 '지식의 반감기'라는 개념으로 설명할 수 있다. 방사성 물질이 절반으로 줄어드는 데 걸리는 시간을 의미하는 '반감기'처럼, 지식도 그 유효성이 절반으로 감소하는 기간이 있다는 것이다. 과거에는 이 반감기가 수십 년에 달했지만, 현재는 많은 분야에서 5년 이하로 줄어들었다.[5] 특히 IT나 생명공학 같은 첨단 분야에서는 이 기간이 더욱 짧아지고 있다. 한 연구에 따르면, 소프트웨어 개발자의 경우 매 12~18개월마다 자신의 기술을 업데이트해야 경쟁력을 유지할 수 있다고 한다.[6]

이러한 환경에서는 한 번의 학습으로는 더 이상 충분하지 않다. '평생학습'이 선택이 아닌 필수가 된 것이다. 하지만 여기서 주목해야 할 점은 단순히 새로운 정보를 지속적으로 습득하는 것만으로는 부족하다는 것이다. 더 중요한 것은 '학습하는 방법을 학습하는 것'Learning how to learn이다. 이는 메타학습 능력, 즉 자신의 학습과정을 이해하고 최적화하는 능력을 의미한다.

이는 마치 낚시를 배우는 것과 같다. 누군가에게 물고기를 주는 것은 일시적인 해결책에 불과하지만, 낚시하는 법을 가르치면 평생 스스로 물고기를 잡을 수 있게 된다. 마찬가지로, 현재의 지식을 전달하는 것보다 더 중요한 것은 스스로 새로운 지식을 습득하고 이해할 수 있는 능력을 키우는 것이다. 이는 단순한 비유가 아닌, 현대 사회에서 생존하기 위한 필수 전략이 되었다.

이러한 맥락에서 문해력의 중요성이 더욱 부각된다. 문해력은 단순히 글을 읽고 쓸 수 있는 능력을 넘어, 새로운 정보를 효과적으로 이해하고 습득하는 기본적인 도구이기 때문이다. 높은 수준의 문해력을 갖춘 사람은 새로운 분야의 지식을 더 빠르고 정확하게 습득할 수 있으며, 이는 급변하는 사회에서 큰 경쟁력이 된다. 실제로 여러 연구들은 문해력이 높은 사람들이 새로운 기술을 습득하는 속도가 더 빠르고, 직업 전환도 더 성공적으로 이루어낸다는 것을 보여주고 있다.

따라서 우리는 교육의 방향을 재고해야 한다. 단순한 지식의 전달이 아닌, 스스로 학습할 수 있는 능력을 키우는 데 초점을 맞춰야 한다. 비판적 사고력, 문제해결능력, 그리고 무엇보다 깊이 있는 문해력을 바탕으로, 평생 새로운 것을 배우고 적응할 수 있는 능력을 길러야 할 것이다. 이것이야말로 불확실성의 시대를 헤쳐나갈 수 있는 가장 확실한 방법일 것이다. 이는 개인의 성공뿐만 아니라, 사회 전체의 지속가능한 발전을 위해서도 필수적인 과제가 될 것이다.

# 제타바이트 시대,
# 스스로 학습하는 능력을 키워야 한다!

우리는 지금 인류 역사상 가장 많은 정보가 생산되고 공유되는 시대를 살고 있다. 최근 국제데이터기업[IDC]의 데이터 에이지[Data Age] 2025 보고서는 우리가 직면한 정보 폭증 현상의 실체를 명확하게 보여준다. 보고서에 따르면 2025년까지 전 세계 데이터 생성량은 163 제타바이트에 이를 것으로 예측된다고 한다.[7] 이는 2016년 대비 10배 이상 증가한 수치로, 매년 30%씩 데이터가 증가하고 있다는 것을 의미하는 것이다. 이는 인류가 수천 년간 축적해온 모든 지식보다 최근 몇 년간 만들어진 정보가 더 많다는 것을 의미한다.

이러한 폭발적인 정보의 증가는 '엑사바이트 시대'를 넘어 '제타바이트 시대'라는 새로운 용어를 탄생시켰다. 1엑사바이트가 10억 기가바이트, 1제타바이트가 10조 기가바이트라는 점을 고려하면, 우리가 다루고 있는 정보의 규모가 얼마나 방대한지 짐작할 수 있다. 더욱 놀라운 것은 이러한 정보의 증가 속도가 계속해서 가속화되고 있다는 점이다.

이처럼 폭발적으로 증가하는 정보 환경에서 우리 아이들에게 필요한 것은 단순한 읽기 능력이 아니다. 방대한 정보속에서 신뢰할 수 있는 정보를 식별하고, 비판적으로 분석하며, 자신의 목적에 맞게 활용할 수 있는 총체적인 문해력이 요구된다. 이는 21세기를 살아가는 우리 아이들에게 가장 중요한 생존 능력이자 경쟁력이 될 것이다.

이러한 상황에서 유발 하라리의 문제 제기는 매우 시의적절하다고 할 수 있다. 그는 현재의 학교 교육이 미래 사회에서 얼마나 유용할 것인지에 대해 근본적인 의문을 던진다. 지금 학생들이 배우는 지식이 그들이 사회에 진출할 때쯤이면 이미 쓸모 없어질 수 있다는 것이다. 이는 단순한 우려가 아닌, 우리가 직면한 현실이다. 현재 초등학교에 입학하는 아이들이 대학을 졸업할 때쯤이면, 지금으로서는 상상조차 할 수 없는 새로운 기술과 직업들이 등장해 있을 것이다.

예를 들어, 10년 전 학교에서 배운 스마트폰 관련 기술은 지금 거의 쓸모없게 되었다. 인공지능, 블록체인, 메타버스와 같은 현재의 첨단 기술들도 10년 후에는 완전히 다른 모습으로 진화해 있을 것이다. 이러한 현실은 우리가 무엇을 가르쳐야 하는지에 대한 근본적인 질문을 던진다. 이는 현대 교육이 직면한 가장 큰 도전이다. 특히 인공지능과 같은 기술이 발전하면서, 단순한 지식의 암기나 반복적인 기술의 습득은 점점 더 그 가치를 잃어가고 있다.

하라리의 통찰은 여기서 더욱 빛난다. 그는 구체적인 지식의 전달과 학습보다는 '학습하는 방법을 학습하는 것'의 중요성을 강조한다. 특히 자기주도적으로 새로운 정보를 습득하고 이해하는 능력, 즉 문해력의 중요성을 역설한다. 이는 단순히 글을 읽고 쓸 수 있는 능력을 넘어, 방대한 정보 속에서 필요한 것을 찾아내고, 그 진위를 판단하며, 효과적으로 활용할 수 있는 종합적인 능력을 의미한다. 이러한 능력은 인공지능 시대에도 여전히 인간만이 가질 수 있는 고유한 역량이 될 것이다.

이러한 정보 홍수의 시대에 유네스코는 정보 리터러시 literacy, 글을 읽고 쓸 줄 아는 능력의 중요성을 강조한 바 있다. 2021년 발간된 유네스코 정보 리터러시 보고서는 디지털 정보의 기하급수적 증가가 학습자들의 비판적 사고와 정보 선별 능력에 미치는 영향을 분석하였다.[8] 보고서는 단순한 정보 접근을 넘어 정보를 비판적으로 평가하고 효과적으로 활용할 수 있는 능력이 현대 사회의 필수 역량이 되었음을 지적한다.

결국 미래 교육의 핵심은 '무엇을 아는가'가 아닌 '어떻게 배우는가'에 있다. 제타바이트 시대의 홍수처럼 쏟아지는 정보 속에서, 진정으로 중요한 것은 이 정보의 바다를 헤엄칠 수 있는 능력이다. 그리고 이 능력의 중심에 '문해력'이 있다. 정보를 단순히 소비하는 것이 아니라, 비판적으로 이해하고 창의적으로 활용할 수 있는 능력이 더욱 중요해질 것이다.

미래 교육의 핵심은 '무엇을 아는가'가 아닌 '어떻게 배우는가'에 있다.
진정으로 중요한 것은 '정보의 바다'를 헤엄칠 수 있는 능력이다.

# 미래 사회의 생존 키트, 문해력

유발 하라리의 통찰은 문해력에 대한 우리의 전통적인 이해를 한 단계 더 발전시킨다. 그가 말하는 문해력은 단순히 글을 읽고 이해하는 능력을 넘어, 급변하는 시대를 헤쳐 나가기 위한 종합적인 생존 기술에 가깝다. 이는 마치 디지털 시대의 생존 키트와도 같은 것으로, 새로운 문해력은 크게 세 가지 핵심 요소를 포함하는 개념으로 확장해서 이해되어야 한다.

첫째, 비판적 사고력이다. 정보의 홍수 속에서 우리는 끊임없이 '이 정보는 믿을 만한가', '이것이 의미하는 바는 무엇인가', '이 정보가 어떤 영향을 미칠 것인가' 등을 판단해야 한다. 예를 들어, 소셜 미디어에서 퍼지는 가짜뉴스를 식별하거나, 인공지능이 생성한 콘텐츠의 신뢰성을 평가하는 능력이 여기에 해당한다. 특히 딥페이크나 인공지능 생성 콘텐츠가 급증하는 현실에서, 정보의 진위를 판별하는 능력은 그 어느 때보다 중요해지고 있다.

둘째, 창의적 사고력이다. 서로 다른 정보들을 연결하여 새로운 가치를 창출하는 능력은 미래 사회에서 더욱 중요해질 것이다. 인공지능이 단순 작업을 대체하게 되면서, 인간만이 할 수 있는 창의적인 문제해결과 혁신적인 아이디어 창출의 중요성이 커지고 있기 때문이다. 실제로 세계경제포럼은 가장 수요가 많은 직무 역량으로 '창의성'과 '혁신성'을 꼽았다.

셋째, 자기주도학습력이다. 이는 앞서 언급한 두 가지 능력의 기반이 되는 능력으로서 스스로 필요한 것을 찾아 배우고 발전시킬 수 있는 능력을 의미한다. 더 이상 누군가가 무엇을 배워야 할지 알려주기를 기다릴 수 없는 시대다. 스스로 학습의 방향을 설정하고, 필요한 자원을 찾아 활용하며, 자신의 학습 과정을 관리할 수 있어야 한다. 최근의 대규모 온라인 공개 강좌인 무크[MOOC]의 성공은 이러한 자기 주도학습의 중요성을 잘 보여주는 사례다.

이러한 확장된 개념으로서의 21세기 문해력은 마치 내비게이션과도 같다고 할 수 있다. 불확실성이라는 안개 속에서, 우리는 끊임없이 새로운 길을 찾아야 한다. 이때 비판적 사고력은 현재 위치를 정확히 파악하게 해주고, 창의적 사고력은 새로운 경로를 발견하게 해주며, 자기주도학습력은 실제로 그 길을 따라갈 수 있게 해주는 것이다. 이는 단순한 비유가 아닌, 실제 미래 사회에서 생존하고 번영하기 위한 필수적인 능력들이다.

따라서 미래 교육은 이러한 종합적 문해력을 키우는 데 초점을 맞춰야 한다. 단순한 지식의 전달이 아닌, 학생들이 스스로 생각하고, 판단하며, 새로운 것을 창조할 수 있는 능력을 키우는 데 주력해야 한다. 이는 단순한 교육 방법의 변화가 아닌, 교육의 근본적인 패러다임 전환을 요구한다.

예를 들어, 프로젝트기반 학습, 문제해결중심 교육, 협력적
학습 등 학생들의 능동적 참여를 촉진하는 교육 방식의 도
입이 필요하다.

결국 하라리가 강조하는 문해력은 미래 사회의 생존 키
트와도 같다. 변화와 불확실성이 가속화되는 시대에서, 이
러한 능력을 갖춘 사람만이 새로운 도전과 기회를 성공적
으로 맞이할 수 있을 것이다. 우리의 교육이 이러한 방향
으로 나아가야 하는 이유가 바로 여기에 있다. 이는 개인의
성공을 위해서뿐만 아니라, 사회 전체의 지속가능한 발전
을 위해서도 필수적인 과제가 될 것이다.

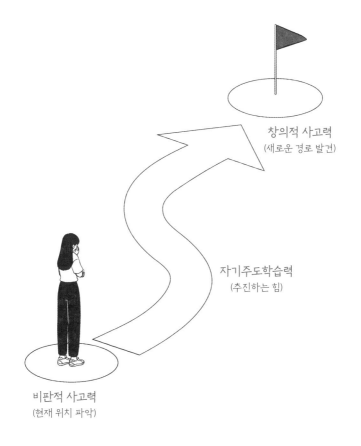

창의적 사고력
(새로운 경로 발견)

자기주도학습력
(추진하는 힘)

비판적 사고력
(현재 위치 파악)

비판적 사고력은 현재 위치를 정확히 파악하게 해주고,
창의적 사고력은 새로운 경로를 발견하게 해주며,
자기주도학습력은 실제로 그 길을 따라갈 수 있게 해준다.

2장

현대사회와
문해력 위기

# 사라져가는 미래의 지성, 문해력

디지털 풍경 속 우리 청소년들의 독서 실태가 적신호를 보내고 있다. 문화체육관광부에서 실시하는 최근 국민독서실태조사 결과에 따르면, 우리나라 청소년의 50% 정도가 책과 단절된 삶을 살고 있다고 한다. 30%는 간헐적으로 책을 읽는다고 응답했으나, 이마저도 진정한 의미의 독서로 보기는 어렵다. 학교에서 독서 관련한 과제가 있기에 책을 읽는다는 것이다. 자신이 좋아서 책을 읽는 청소년의 비율은 20% 내외로 볼 수 있다. 이것도 주로 초등학교나 중학교까지이고, 고등학교 이후에는 책 읽기는 청소년들의 비율은 현저히 줄어든다. 고등학생의 경우 중학생 대비 연간 독서율이 22.3%나 낮다고 한다. [9]

더욱 우려되는 지점은 독서 기피의 원인이다. 많은 청소년들이 왜 책을 읽지 않는지에 대해 "인터넷이나 스마트폰

콘텐츠가 더 재미있다"거나 "영상을 통해 필요한 정보를 다 얻을 수 있다"라고 답한 것이다. 디지털 환경으로의 급속한 전환으로 인해 독서율은 지난 10년간 급격히 저하되고 있으며, 이는 우리 사회의 깊은 고민거리를 던져주고 있다.

이 현상은 현대인의 식생활 변화와 묘하게 닮아 있다. 패스트푸드가 건강식을 밀어내듯, 순간적 쾌감을 주는 디지털 콘텐츠가 심층적 독서를 잠식하고 있는 것이다. 뇌과학계는 이미 경고음을 울리고 있다. 지속적인 숏폼 콘텐츠 소비가 도파민 중독과 유사한 양상을 보인다는 연구 결과가 이를 뒷받침한다. 자극적이고 즉각 답을 제공하는 것에 익숙해지기에 진중하게 생각하고 기다리는 습관을 잃어가고 있는 것이다.

독서의 진정한 가치는 단순한 지식 축적을 넘어선다. 독서 과정에서 우리의 뇌는 끊임없이 능동적으로 움직인다. 문자를 따라가며 의미를 구성하고, 등장인물의 감정을 공

감하며, 사건의 인과관계를 파악하는 복합적인 사고 과정
이 이뤄진다. 자기공명영상<sup>fMRI</sup> 연구들은 독서가 영상 시청
보다 훨씬 더 광범위한 뇌 영역을 활성화한다는 사실을 입
증하고 있다. 특히, 주의집중, 의미구성, 감정조절에 핵심
역할을 하는 전전두엽<sup>prefrontal cortex</sup>의 발달과 기능에 큰 차이
를 독서 경험이 만들어낸다고 한다. 특히 15초, 30초 단위의
숏폼 콘텐츠에 길들여진 청소년들의 주의력과 집중력 저하
는 심각한 수준이다. 이는 마치 운동하지 않는 근육이 퇴화
하듯, 깊이 있는 사고력이 감퇴하는 현상으로 이어진다.

책을 읽으면 우리 두뇌의 전두엽이 활성화되지만,
숏폼을 보고 있을 때는 전두엽이 거의 기능을 하지 않는다.*

* SBS 뉴스 "'쇼츠'에는 멈추는 전두엽…'독서 교육' 절실한데" 중 이슬기 인지심리교육 전문가 연구 자료

# 지식의 전환기
# : 깊이 있는 사고의 위기와 도전

　우리는 지금 정보 탐색의 대전환기에 서 있다. 과거 도서관에서 책장을 넘기며 정보를 수집하던 방식은 이제 검색 버튼 하나로 대체되었다. 이러한 변화는 얼핏 놀라운 진보로 보이지만, 그 이면에는 간과할 수 없는 심각한 문제가 도사리고 있다. 정보의 깊이와 질적 측면에서 우리는 무언가를 잃어가고 있는지도 모른다.

　현대 청소년들의 정보 탐색 행태는 특히 우려할 만하다. 도서관에서 관련 서적을 찾아 읽거나 다양한 자료를 비교 분석하는 대신, 스마트폰 검색 첫 페이지의 내용이나 타인이 요약한 정보를 무비판적으로 수용하는 경향이 강하다. 이는 마치 깊은 우물을 파는 대신 물웅덩이 표면만을 핥는 것과 다름없다. 대부분의 청소년들은 검색 결과의 첫 페이지만을 확인하며, 그 중에서도 상위 몇 개의 결과에만 주목하고, 나머지는 무시하는 습관을 가지고 있다고 한다.

이러한 단편적, 즉시적 정보 습득 습관은 두 가지 측면에서 문제가 있다고 할 수 있다.

첫째, 정보의 신뢰성과 깊이의 문제다. 검증되지 않은 정보가 넘쳐나는 인터넷 환경에서, 대부분의 정보는 표면적 수준에 머물러 있다. 이는 마치 영양가 없는 과자로 허기를 달래는 것과 같다. 더구나 인공지능 생성 콘텐츠의 급증은 정보의 진위 판별을 한층 더 어렵게 만들고 있다.

둘째, 사고 과정의 생략이라는 더욱 본질적인 문제다. 책을 통한 정보 습득은 내용의 이해와 소화 과정을 수반한다. 난해한 단어를 찾아보고, 이해되지 않는 부분을 반복해서 읽으며, 전후 맥락을 고려하여 의미를 파악하는 과정을 통해 사고력 훈련이 되는 것이다. 신경과학 연구들은 수동적 정보 수용이 뇌의 비판적 사고 영역을 거의 활성화시키지 않는다고 경고한다.

이는 마치 등산을 하는 대신 케이블카로 정상에 오르는 것과 같다. 목적지 도달은 가능할지 모르나, 등산이 주는 진정한 가치인 체력 단련, 인내심 함양, 성취감은 얻을 수 없다. 마찬가지로, 손쉽게 얻은 정보는 진정한 지식으로 발전하기 어렵고, 이는 결국 청소년들의 문해력 발달을 저해한다. 이미 많은 교육 현장에서 학생들의 깊이 있는 사고력과 문제해결능력 저하를 보고하고 있다.

빠른 길이 반드시 최선의 길은 아니다. 때로는 돌아가는 길이 더 많은 것을 보고 배우게 하듯, 책을 통한 깊이 있는 학습은 비록 시간이 더 걸릴지라도 진정한 지적 성장을 가능케 하는 길이다. 이것이 바로 디지털 시대에도 독서의 가치가 더욱 강조되어야 하는 이유다. 미래 사회에서의 진정한 경쟁력은 단순한 정보 습득이 아닌, 깊이 있는 사고와 창의적 문제해결 능력에서 비롯될 것이기 때문이다.


# 디지털 시대의 역설
## : 편리함의 대가로 잃어가는 것들


　니콜라스 카의 《생각하지 않는 사람들》은 디지털 시대를 살아가는 우리에게 중대한 화두를 던진다. 스마트폰 하나로 세상의 모든 정보를 손쉽게 얻을 수 있게 된 지금, 우리는 과연 무엇을 잃어가고 있는가? 카는 자신의 책을 통해 우리가 디지털 기술의 편리함이라는 혜택을 누리는 대신, 더욱 소중한 무언가를 희생하고 있다고 경고한다. 바로 '생각하는 힘'이다. 그의 통찰은 현대 사회에서 더욱 절실하게 다가온다. 우리는 정보의 바다에서 헤엄치고 있지만, 정작 그 정보를 깊이 있게 소화하고 이해하는 능력은 점점 잃어가고 있는 것이다.

　이러한 현상은 우리의 일상적인 정보 소비 방식에서 쉽게 확인할 수 있다. 인터넷에서 정보를 검색할 때를 떠올려 보라. 우리는 얼마나 자주 한 글을 처음부터 끝까지 꼼꼼히 읽어내는가? 대부분의 경우, 우리는 필요한 정보가 있을 법한 부분을 재빨리 훑어보다가 관심 있는 단어나 문장이 보이면 곧바로 그곳으로 건너뛴다. 이러한 방식을 '하이퍼텍스트'hypertext 읽기라 한다. 이는 마치 돌을 던져 수면을 스치듯 표면적으로만 정보를 접하는 것과 같다.

　하이퍼텍스트는 디지털 시대의 대표적인 정보 소비 방식이다. 클릭 한 번으로 다른 페이지로 이동하고, 스크롤을 내리며 빠르게 정보를 훑어보는 것이 우리의 일상이 되었다. 언뜻 보기에 이는 매우 효율적인 방식처럼 보인다. 그러나 이러한 파편화된 정보 소비는 깊이 있는 사고를 방해한다. 마치 얕은 물에서 돌을 튀기듯, 우리의 생각은 수면을 스치기만 할 뿐 깊이 잠기지 못한다. 우리는 많은 정보를 접하지만, 그 어떤 것도 제대로 이해하지 못하는 상황에 처하게 된 것이다.

영상 매체도 비슷한 문제를 안고 있다. 요즘 많은 사람들이 온라인 강의나 교육용 영상을 시청한다. 하지만 한번 자신의 시청 습관을 돌아보라. 강연자의 말을 하나하나 곱씹으며 깊이 있게 사고하면서 보는가? 아니면 그저 수동적으로 정보를 받아들이고 있는가? 대부분의 경우 후자에 가까울 것이다. 영상은 또한 우리에게 완성된 이미지를 제공하기 때문에, 우리의 상상력과 사고력을 자극하는 데는 한계가 있다.

특히 최근의 영상 콘텐츠는 더욱 짧아지고 자극적으로 변해가고 있다. 틱톡이나 쇼츠와 같은 초단편 영상들은 우리의 주의 집중 시간을 점점 더 짧게 만들고 있다. 한 가지 주제에 대해 깊이 있게 생각할 시간도, 여유도 주지 않은 채,

끊임없이 다음 영상으로 우리를 이끌어간다. 이는 마치 빠르게 흐르는 강물 위를 떠다니는 것과 같다. 우리는 많은 것을 보지만, 정작 아무것도 제대로 보지 못하고 있는 것이다.

이러한 현상이 특히 우려되는 것은, 이것이 단순히 정보 소비 방식의 변화에 그치지 않기 때문이다. 우리의 뇌는 우리가 습관적으로 하는 행동에 맞춰 재구성된다. 즉, 지속적으로 얕고 빠른 정보 처리에만 익숙해진다면, 우리 뇌는 점차 깊이 있는 사고를 하는 능력을 잃어갈 수 있다. 신경과학자들의 연구에 따르면, 우리의 뇌는 놀라울 정도로 유연하며, 우리가 반복하는 행동 패턴에 따라 그 구조가 변화한다고 한다.

이는 마치 근육이 퇴화하는 것과 비슷하다. 운동을 하지 않으면 근육이 약해지듯, 깊이 있는 사고 훈련을 하지 않으면 우리의 생각하는 힘도 약해진다. 더구나 이러한 변화는 서서히 일어나기 때문에, 우리는 그 심각성을 쉽게 인지하지 못할 수 있다. 마치 개구리가 서서히 데워지는 물 속에서 위험을 감지하지 못하는 것처럼, 우리도 우리의 사고력이 점차 퇴화하고 있다는 사실을 깨닫지 못할 수 있다.

따라서 우리는 디지털 기기와 미디어를 사용할 때, 더욱 의식적이고 주체적인 태도를 가질 필요가 있다. 모든 정보를 빠르게 훑어보는 것이 아니라, 때로는 천천히, 깊이 있게 읽고 생각하는 시간을 가져야 한다. 특히 자라나는 세대들에게는 이러한 '느린' 사고의 가치를 더욱 강조할 필요가 있다. 디지털 네이티브 세대들에게 깊이 있는 독서와 사고의 즐거움을 알려주는 것은 우리 세대의 중요한 책임일 것이다.

결국 디지털 기술은 도구일 뿐이다. 이 도구를 어떻게 사용하느냐에 따라 그것은 우리의 생각하는 힘을 앗아가는 독이 될 수도, 지적 성장을 돕는 약이 될 수도 있다. 우리에게 필요한 것은 기술의 편리함과 깊이 있는 사고의 균형을 찾는 지혜일 것이다.

# 영상의 시대,
# 스마트 기기가 아이를 키운다!

"아이가 울 때마다 스마트폰을 보여주면 금방 조용해져요."

"레스토랑에 가면 아이에게 태블릿을 보여주는 게 제일 편해요."

이러한 이야기들은 요즘 부모들 사이에서 흔히 들을 수 있는 대화다. 실제로 영유아 자녀를 둔 부모들의 모임에서는 어떤 콘텐츠가 아이들에게 좋은지, 스크린 타임<sup>screen time</sup>을 얼마나 허용해야 하는지에 대한 고민이 끊이지 않는다. 심지어 "스마트폰 없이는 육아가 불가능하다"는 우스갯소리가 공감을 얻을 정도로, 디지털 기기는 이제 육아의 필수품이 되어가고 있다. 카페나 식당에서 스마트폰을 들여다보며 조용히 앉아있는 아이들의 모습은 더 이상 낯선 광경이 아니다. 이런 모습을 보며 안타까워하는 어른들도 있지만, 현실적으로 바쁜 일상 속에서 디지털 기기의 도움 없이 육아를 하기란 쉽지 않은 것이 사실이다.

이러한 현상은 단순히 육아의 편의성 차원을 넘어, 우리 사회의 큰 변화를 보여주는 모습이다. 디지털 네이티브 세대에게 스마트폰과 태블릿은 마치 이전 세대의 연필과 종이처럼 자연스러운 도구인 것이다. 특히 인공지능의 발전은 이러한 변화를 더욱 가속화하고 있다.

구글의 모회사인 알파벳의 CEO 선다 피차이가 언급했듯이, 인공지능은 불이나 전기의 발명을 능가하는 혁신적인 변화를 우리 삶에 가져올 것으로 예상된다. 실제로 우리는 이미 일상 곳곳에서 인공지능의 영향력을 체감하고 있는 것이 사실이다. 음성 비서가 일정을 관리해주고, 인공지능 번역기가 언어의 장벽을 허물어주며, 챗봇이 우리의 질문에 즉각적으로 답변해주는 시대가 되었다. 이러한 맥락에서 자연스럽게 떠오르는 질문이 있다.

"이렇게 모든 것이 디지털화되는 시대에, 과연 문해력이 여전히 필요한 것일까?"

많은 부모들이 이러한 의문을 품는 것은 당연하다. 특히 음성 인식, 영상 검색 등 텍스트를 대체하는 기술들이 빠르게 발전하면서, 글을 읽고 이해하는 능력의 중요성이 과거보다 줄어들었다고 생각할 수 있다.

예를 들어, 이제는 글을 읽지 않아도 동영상을 통해 정보를 얻을 수 있고, 긴 문서도 인공지능이 요약해주며, 심지어 음성으로 명령하면 인공지능이 필요한 작업을 대신 수행해주기도 한다. 이런 환경에서 전통적인 의미의 문해력, 즉 글을 읽고 이해하는 능력이 과연 필수적인 것인지에 대한 의문이 생기는 것은 당연하다.

이러한 생각은 사실 새로운 것이 아니다. 20세기 초, 토마스 에디슨이 영사기를 발명했을 때도 비슷한 예측이 있었다. 당시 많은 사람들은 영상 매체가 교육을 완전히 바꿀 것이며, 교과서는 곧 사라질 것이라고 예상했다. "활동사진은 우리의 교육 시스템을 완전히 혁신할 것이며, 20년 안에 대부분의 교과서를 대체할 것"이라는 에디슨의 예측은 당시 큰 반향을 일으켰다.

그러나 현실은 어떻게 되었을까? 100년이 지난 지금도 교과서는 여전히 교육의 중심에 있으며, 오히려 과도한 영상 매체 소비의 대명사인 TV는 '바보상자'라는 비판을 받고 있다. 이는 새로운 기술이 등장할 때마다 기존 매체의 종말을 예견했던 많은 예측들이 빗나갔음을 보여주는 대표적인 사례다.

이러한 현상의 핵심에는 텍스트만이 가진 독특한 특성이 있다. 텍스트를 읽는 행위는 단순한 정보 습득 이상의 의미를 갖는다. 우리가 글을 읽을 때는 능동적으로 의미를 구성해야 한다. 영상이 보여주는 것과 달리, 텍스트는 우리에게 의미 구성과 상상력을 요구한다. 텍스트 속 등장인물의 표정, 배경의 모습, 사건의 전개 과정을 우리는 머릿속에서 그려내야 한다.

예를 들어, "구름 한 점 없는 맑은 하늘"이라는 문장을 읽을 때, 우리는 각자의 경험과 기억을 바탕으로 그 장면을 상상하게 된다. 이는 같은 텍스트를 읽더라도 독자마다 서로 다른 이미지를 떠올릴 수 있다는 것을 의미하며, 이것이 바로 텍스트가 가진 독특한 매력인 것이다.

## 멀티태스킹의 문해력 위협

여러 개의 채팅창을 띄워놓고, 유튜브를 보면서, 숙제도 하고, 음악도 듣는 우리 아이들. 이런 모습을 보며 '디지털 네이티브의 대단한 능력'이라고 생각했다면, 최신 연구 결과는 우리에게 충격적인 진실을 알려준다. 이러한 멀티태스킹이 문해력과 깊이 있는 이해력을 심각하게 저해할 수 있다는 것이다.

스탠포드 대학의 연구진[10]과 서울대학의 연구진[11]이 수행한 연구물의 결과를 보면, 멀티태스킹multitasking이 뇌의 정보 처리 방식을 근본적으로 변화시킨다는 사실을 알려준다. 마치 여러 개의 접시를 동시에 돌리는 곡예사처럼 보이는 이 멀티태스킹은, 실제로는 우리 아이들의 뇌를 끊임없이 이리저리 옮겨 다니게 만든다. 그 결과, 긴 글을 읽고 이해하는 능력, 복잡한 논리를 따라가는 힘, 깊이 있는 사고력이 현저히 저하된다는 것이다.

특히 우려되는 것은 '깊이 있는 읽기'의 감소다. 국내외 멀티태스킹이 문해활동에 미치는 연구의 결과물에 따르면, 멀티태스킹에 익숙한 아이들은 한 페이지의 글을 읽을 때도 여러 번의 주의력 전환을 경험한다고 한다.[12] 이는 마치 책의 한 페이지를 읽다가 중간중간 다른 곳을 보고 오는 것과 같은 효과를 낸다. 이러한 파편화된 읽기는 텍스트의 전체적인 맥락을 파악하고 깊이 있는 의미를 이해하는 것을 어렵게 만든다.

디지털 기기 사용이 문해력을 넘어 청소년들의 미치는 부정적 영향은 더욱 광범위하다. 스마트폰을 자주 사용하는 청소년들이 감정을 표현하는 어휘력과 복잡한 문장을 구성하는 능력이 현저히 떨어진다는 사실은 다양한 연구들을 통해 확인된 바 있다. 또한 이 문제가 다른 사람과의 건강한 사회적 관계를 맺고 유지하는 데 부정적인 영향을 미친다고 한다. 이는 단문 위주의 메시지 소통이 언어 발달뿐만 아니라 사회성 계발에도 부정적 영향을 미친다는 것을 시사한다.

실제 UCLA 캘리포니아 대학의 연구진은 51명의 청소년을 대상으로 5일간의 야외 캠프를 진행했으며, 이 기간 동안 모든 전자기기 사용을 제한했다고 한다.[13] 연구 결과, 캠프 참가 후 청소년들의 비언어적 감정 인식 능력이 51% 향상되었고, 특히 얼굴 표정과 신체 언어를 통한 감정 해독 능력이 크게 개선되었다고 한다. 또한 대면 소통 시간이 증가하면서 또래와의 상호작용 질이 향상되었고, 이는 전반적인 사회성 향상으로 이어졌다고 한다. 이러한 결과는 과도한 스크린 사용이 문해력뿐만 아니라 청소년의 사회정서 발달을 저해할 수 있으며, 정기적인 디지털 디톡스가 이러한 부정적 영향을 상쇄할 수 있음을 시사한다.

# 3장

주의력과
집중력의 위기

# '주의력 경제'가 위협하는
# 우리 아이들의 문해력

실리콘 밸리의 내부자들이 밝힌 충격적인 진실이 문해력 교육에 새로운 화두를 던지고 있다. 넷플릭스 다큐멘터리 〈소셜 딜레마〉를 통해 드러난 디지털 플랫폼의 설계 원리는, 우리 아이들의 읽기 능력이 왜 급격히 저하되고 있는지를 설명하는 중요한 단서를 제공한다.

전 구글 연구원 트리스탄 해리스가 지적한 '주의력 경제'attention economy는 단순한 비즈니스 모델이 아니다. 이는 우리 아이들의 문해력 발달을 근본적으로 위협하는 시스템이다. 사용자의 시간과 주의력을 상품화하는 이 시스템은, 깊이 있는 읽기에 필수적인 지속적 집중력과 정면으로 충돌한다.

더욱 우려되는 것은 이들 플랫폼이 사용하는 정교한 행동 조작 기술이다. '간헐적 변동 보상' 시스템은 도박 중독과 동일한 심리적 메커니즘을 활용한다. 알림, '좋아요', 새로운 콘텐츠가 예측 불가능한 간격으로 제공되면서, 아이들의 뇌는 지속적인 자극과 즉각적인 보상을 기대하도록 재프로그래밍된다. 이는 한 페이지를 읽는 데도 수십 분이 걸릴 수 있는 깊이 있는 독서 활동과는 정반대의 신경회로를 강화시킨다.

디지털 기기에 많이 노출된 아이들은 다음과 같은 특징적인 읽기 패턴을 보인다.

첫째, '단문 선호 현상'이 두드러진다. 긴 문장이나 복잡한 구문을 피하고, 짧고 단순한 텍스트만을 선호하는 경향이 강화된다.

둘째, '비선형적 읽기'가 증가한다. 텍스트를 처음부터 끝까지 순차적으로 읽는 대신, 건너뛰기와 훑어보기를 반복하는 패턴이 고착화된다.

셋째, '피상적 이해'에 머무는 경우가 많다. 텍스트의 깊은 의미나 맥락을 파악하려는 노력 없이, 표면적인 정보 획득에만 집중하는 경향이 강해진다.

이러한 변화는 단순한 읽기 습관의 변화를 넘어선다. 신경과학 연구들은 이러한 디지털 읽기 패턴이 뇌의 정보처리회로 자체를 재구성한다는 사실을 밝혀냈다. 특히 주목할 만한 것은 깊이 있는 이해와 통찰에 관여하는 전전두엽의 활성화가 현저히 감소한다는 점이다.

# 압축과 요약의 시대
# : '지식 패스트푸드'의 위협

"10분 만에 마스터하는 세계사", "5분 요약으로 읽는 베스트셀러". 이러한 문구들은 우리 시대를 상징하는 키워드다. 현대 사회에서 '지식 압축' 산업이 새로운 트렌드로 부상하고 있다. 베스트셀러 한 권의 내용을 15분 만에 습득할 수 있다는 약속은 바쁜 현대인들에게 매력적으로 들린다. 실제로 많은 기업들이 '원페이지 브리핑' 시스템을 도입하고, 교육 업체들이 '핵심 정리' 서비스를 경쟁적으로 출시하는 것도 이러한 시대적 요구를 반영한다.

하지만 이러한 '지식의 패스트푸드화'는 우리 아이들의 미래에 심각한 위험을 초래할 수 있다. 마치 패스트푸드가 영양가 있는 식사를 대체할 수 없는 것처럼, 요약본은 결코 원본이 주는 깊이 있는 학습 경험을 대체할 수 없다. 최근 교육학 연구에 따르면, 요약본에 의존하는 학습은 장기 기억력과 비판적 사고력 발달에 부정적인 영향을 미친다고 한다. 오히려 이는 우리의 인지능력을 점진적으로 약화시킬 수 있다.

한 메타분석 연구에 따르면, 요약본에 의존하는 학습자들은 복잡한 개념 연결과 비판적 분석에서 현저히 낮은 성과를 보였다고 한다. Clinton과 Meyers(2020)[14] 특히 매리언 울프는 자신의 책《다시, 책으로》에서 지속적인 요약본 사용이 '얕은 읽기' 습관을 형성하여 장기적으로 '인지적 인내력'을 감소시킨다고 지적한 바 있다.[15] 두 연구는 공통적으로 깊이 있는 독해 경험의 부재가 학습자의 비판적 사고력 발달을 저해할 수 있다고 경고한다. 이는 빠른 정보 습득을 위해 요약본에 의존하는 현대의 학습 방식이 갖는 근본적인 한계를 잘 보여주는 결과다.

특히 요약본에만 의존하는 학습의 가장 큰 문제는 '사고의 과정'이 생략된다는 점이다. 학습자는 타인이 미리 정해 놓은 '중요한 내용'만을 수동적으로 받아들이며, 스스로 내용을 분석하고 평가하는 과정을 거치지 않는다. 이는 마치 다른 사람이 씹어놓은 음식을 삼키는 것과 같다. 뇌과학 연구에 따르면, 이러한 수동적 학습은 뇌의 비판적 사고와 창의성을 담당하는 영역의 활성화를 현저히 감소시킨다고 한다.

이러한 학습 방식은 표면적으로는 효율적으로 보일 수 있다. 실제로 단기적인 시험 성적 향상에는 도움이 될 수 있다. 하지만 장기적으로는 창의적 사고력과 비판적 분석력의 발달을 심각하게 저해할 수 있다. 원문을 직접 읽고 분석하는 과정에서 얻을 수 있는 다양한 통찰과 맥락적 이해, 그리고 자신만의 해석을 발전시킬 기회를 잃게 되기 때문이다.

더욱 우려되는 것은 이러한 '요약 문화'가 지식의 본질에

대한 우리의 인식을 왜곡시킬 수 있다는 점이다. 지식은 단
순히 '알아야 할 사실들의 모음'이 아니다. 그것은 복잡한
맥락 속에서 형성되는 것이며, 때로는 모순되거나 불확실
한 요소들을 포함한다. 요약본은 이러한 복잡성과 불확실
성을 제거함으로써, 지식의 진정한 본질을 왜곡할 수 있다.
이는 마치 교향곡의 아름다움을 30초 하이라이트로 전달
하려는 것과 같다.

　지나친 요약 문화는 맥락적 이해력의 저하, 비판적 사고
력의 약화, 창의성의 제한, 깊이 있는 학습 동기의 상실 등
다양한 문제를 야기할 수 있다. 사건이나 개념의 배경과 맥
락을 이해하지 못하고 단편적 사실만을 암기하게 되며, 주
어진 정보를 그대로 수용하는 습관이 형성되어 정보의 진
위나 타당성을 판단하는 능력이 저하된다. 또한 다양한 해
석과 관점을 접할 기회가 줄어들어 창의적 사고의 발달이
저해되고, 빠른 결과물에만 익숙해져 시간과 노력이 필요
한 깊이 있는 학습을 회피하게 된다.

# 빠르게 훑어보기 읽기 문화

디지털 시대의 도래와 함께 우리는 커다란 변화의 물결을 마주하고 있다. '깊이 있게 이해하기'에서 '빠르게 훑어보기'로의 전환은 단순한 습관의 변화가 아닌, 우리의 인지 구조 자체가 변화하고 있음을 보여주는 중요한 신호다. 이러한 변화는 개인의 정보처리방식 뿐만 아니라, 사회 전반의 소통 문화에도 깊은 영향을 미치고 있다. 특히 'MZ세대'와 '알파세대'로 불리는 새로운 세대들에게서 이러한 변화는 더욱 뚜렷하게 나타나고 있다.

콘텐츠 제작 영역에서 이러한 변화는 더욱 극명하게 드러난다. 유튜브 동영상의 길이가 지속적으로 짧아지는 현상은 현대인의 변화된 정보 소비 패턴을 정확하게 반영한다. 2010년대 초반 평균 20분 정도이었던 유튜브 영상의 평균 시간 길이는 현재 급격히 줄어들었으며, 틱톡이나 쇼츠 등의 등장으로 이러한 추세는 더욱 가속화되고 있다. 같은 내용이라도 더 짧은 버전이 더 많은 시청자를 확보한다는 사실은, 효율성을 최우선으로 추구하는 현대 사회의 특성을 여실히 보여준다.

특히 주목할 만한 것은 이러한 변화의 신경과학적 근거다. 최신 뇌과학 연구에 따르면, 현대인의 뇌가 보여주는 10~15분 주기의 인지적 피로도 상승은 매우 중요한 의미를 지닌다. 과거에 비해 절반 이상 줄어든 주의 집중 주기는, 우리의 뇌가 디지털 환경에 적응하면서 겪고 있는 급격한 변화를 보여준다. 특히 스마트폰을 통한 지속적인 알림과 자극은 우리 뇌의 도파민 분비 패턴을 변화시키고 있으며, 이는 장기적인 집중력 저하로 이어질 수 있다. 디지털 네이티브 세대에서 이러한 현상이 더욱 두드러진다는 사실은, 이러한 변화가 앞으로 더욱 가속화될 수 있음을 시사한다.

스마트폰이 우리의 인지능력을 어떻게 변화시키는지 최

신 연구들을 살펴보면, 흥미로운 결과들을 확인할 수 있다. 워드[Ward]와 연구진(2017)은 '스마트폰의 존재 효과'를 실험으로 확인하였다.[16] 연구진은 520명의 참가자를 대상으로 실험을 진행했는데, 스마트폰을 책상 위에 뒤집어 놓은 그룹은 다른 방에 스마트폰을 둔 그룹보다 인지능력 테스트에서 현저히 낮은 점수를 받았다고 한다. 특히 작업기억력 테스트에서는 10% 이상의 기억능력 저하가 관찰되었다고 한다. 연구진은 이를 '브레인 드레인'[brain drain] 현상이라 명명하였다.

월머[Wilmer]와 동료들(2017)은 하루 평균 스마트폰 사용 시간이 4시간을 넘는 사람들은 2시간 미만 사용자에 비해 지속적 주의력 테스트에서 30% 낮은 수행능력을 보였다고 한다.[17] 특히 여러 작업을 동시에 수행하는 상황에서 오류율이 2배 이상 증가했다. 또한 퍼스[Firth]와 동료들(2019)은 온라인 활동이 뇌의 구조적 변화를 일으킨다는 사실을 발견했다.[18] MRI 연구 결과, 하루 6시간 이상 인터넷을 사용

하는 사람들의 전전두엽 영역(주의력과 감정조절 담당)에
서 회백질 밀도가 감소하는 것으로 나타났다. 실제로 소셜
미디어 사용이 많은 사람들은 대면 상황에서 타인의 감정
을 읽는 능력이 25%가량 낮은 것으로 나타났다고 한다.


## 15초의 유혹


"아이가 책은 전혀 읽으려 하지 않는데, 유튜브 영상은 하
루 종일 본다."


많은 학부모들이 공감할 이야기다. 현대 사회의 '효율성
지상주의'는 우리의 인지능력에 예상치 못한 중대한 변화
를 가져오고 있다. 빠른 정보 처리와 즉각적인 반응을 중시
하는 현재의 트렌드는 겉으로는 효율적으로 보이지만, 실

제로는 우리의 깊이 있는 사고 능력을 잠식하고 있을지 모른다. 짧은 시간 동안의 정보 처리에만 최적화된 뇌는 복잡한 문제해결이나 창의적 사고와 같은 고차원적 인지 기능을 수행하는 데 어려움을 겪게 된다.

이러한 현상이 특히 우려되는 것은 그것이 자기강화적인 순환 구조를 형성한다는 점이다. 마치 달콤한 간식에 익숙해진 입맛이 점점 더 자극적인 맛을 찾게 되는 것처럼, 짧은 콘텐츠에 익숙해진 뇌는 점점 더 짧고 자극적인 정보를 추구하게 된다. 신경과학 연구에 따르면, 이러한 습관은 뇌의 보상 회로를 변화시켜 도파민 분비 패턴을 바꾸게 되며, 이는 다시 더 강한 자극을 찾게 만드는 악순환을 형성한다. 이는 다시 콘텐츠 제작자들로 하여금 더욱 압축된 형태의 콘텐츠를 만들도록 유도하며, 이러한 순환은 계속해서 반복된다.

틱톡과 쇼츠 같은 초단편 영상 플랫폼의 폭발적 성공은

이러한 현상을 더욱 가속화하고 있다. 불과 15~30초 길이
의 영상이 주류가 되어가는 현상은 우리의 정보 소비 방식
이 얼마나 급격하게 변화하고 있는지를 보여준다. 한국콘
텐츠진흥원(2023)의 조사에 따르면, 10~40대의 93.7%가
숏폼 콘텐츠를 이용하며, 일평균 76.3분을 시청하는 것으로
나타났다.[19] 또한 최근 수행된 연구들에 따르면, MZ세대의
50% 이상이 10분 이상의 영상을 '너무 길다'고 느낀다고 한
다. 이는 단순한 선호도의 문제를 넘어, 새로운 세대의 정보
처리 방식이 근본적으로 변화하고 있음을 시사한다.

　더욱이 이러한 변화는 세대 간 인식과 소통의 격차를 더
욱 크게 만들 수 있다. 서로 다른 정보 처리 방식에 익숙한
세대들이 효과적으로 소통하고 협력하는 것이 점점 더 어
려워질 수 있기 때문이다. 실제로 많은 교육 현장에서 교사
와 학생 간의 소통 방식 차이로 인한 갈등이 증가하고 있으
며, 직장에서도 세대 간 업무 스타일의 차이가 심각한 문제
로 대두되고 있다.

# 긴 글 기피 현상

"우리 아이는 책은 안 읽어도 유튜브로 지식을 얻어요."

많은 학부모님들이 하시는 이야기다. 하지만 과연 그것으로 충분할까? 우리 시대 청소년들의 '긴 글 기피 현상'은 단순한 독서 습관의 변화를 넘어, 디지털 문명이 가져온 인지구조의 근본적인 변화를 보여준다. 태어날 때부터 스마트폰과 소셜미디어에 둘러싸여 자란 우리 아이들은 이전 세대와는 완전히 다른 방식으로 정보를 받아들이고 처리하고 있다.

현대 청소년들의 주의 집중 시간은 충격적일 정도로 감소하고 있다. 요즘 세대의 주의집중력 특성에 대한 연구 결과물에 따르면, 독서 집중 시간이 지속적으로 감소하고 있다고 한다. 특히 긴 텍스트를 읽을 때 이러한 현상이 더욱 두드러진다. 이는 단순히 개인의 의지나 능력의 문제가 아니, 디지털 환경이 만들어낸 구조적인 변화다. 소셜 미디어의 특성상 정보는 점점 더 파편화되고 압축되어 전달된다. 280자로 제한된 트위터의 메시지, 인스타그램의 시각적 소통 방식, 15초의 틱톡 영상들은 우리 아이들의 정보 소비 패턴을 근본적으로 바꾸어 놓았다.

2015년 《타임》은 "인간의 주의집중력이 금붕어보다 짧아졌다"McSpadden, 2015는 도발적인 기사를 게재한 바 있다.[20] 비록 과학적 근거가 부족한 주장이지만, 마이크로소프트 캐나다의 소비자 조사에 기반한 이 주장은 디지털 기기 사용 증가와 함께 인간의 평균 주의집중력이 8초로 감소했다고 보고해 사회적 충격을 준 바 있다.

이러한 변화는 '스낵 컬처'snack culture라는 새로운 문화 현상을 낳았다. 마치 과자를 한 입 베어 물듯이, 청소년들은 수많은 정보를 빠르게 훑어보고 지나간다. 하루에도 수백 개의 SNS 게시물을 소비하지만, 각각의 내용을 깊이 있게 살

퍼보거나 충분히 곱씹어볼 시간은 갖지 않는다. 매리언 울프는 자신의 책에서 '스킴 리딩'skimming과 '딥 리딩'deep reading을 구분하여 설명한다. 디지털 시대에 스마트폰과 같은 기기 사용으로 인해 빠른 정보 처리를 위한 스킴 리딩이 증가하고 있으며, 이는 깊이 있는 분석적 읽기인 '딥 리딩 능력'을 약화시킬 수 있다고 지적한다.

책의 서문에서 언급했던 'TLDR'Too Long Don't Read이라는 표현은 이러한 현상을 상징적으로 보여준다. 이는 단순한 인터넷 은어가 아니다. 현대 사회에서 정보가 어떻게 소비되고 있는지를 명확하게 보여주는 문화적 지표다. 많은 청소년들이 긴 글을 마주했을 때 본능적으로 요약본을 찾아보거나, 첫 부분만 훑어보고 나머지는 건너뛰는 경향을 보인다. 이는 마치 영양가 있는 식사 대신 패스트푸드만 찾는 것과 같은 위험한 습관이다.

이러한 현상이 특히 우려스러운 이유는 깊이 있는 사고

력 발달과 직접적인 관련이 있기 때문이다. 긴 글을 읽는다는 것은 단순히 정보를 습득하는 것 이상의 의미를 갖는다. 그것은 복잡한 논리를 따라가고, 서로 다른 관점들을 비교하며, 글의 맥락을 이해하는 종합적인 사고 과정이다.

더구나 대학 입시나 취업 시장에서도 이러한 깊이 있는 사고력의 중요성은 더욱 커지고 있다. 단순 암기식 문제해결을 넘어, 복잡한 사회 문제에 대한 통찰력 있는 분석과 해결책 제시가 요구되고 있기 때문이다. 이러한 능력이 제대로 발달하지 못한다면, 미래 사회가 요구하는 비판적 사고력과 창의적 문제해결 능력을 갖추기 어려울 것이다. 우리 아이들의 미래를 위해, 지금 우리는 이 문제에 진지하게 주목해야 할 때다.

# 쏟아지는 문해력에 대한 도전, 어떻게 대응할까?

그렇다면 우리는 이러한 도전에 어떻게 대응해야 할까? 가장 중요한 것은 이러한 변화를 인식하고, 의식적으로 대응하는 것이다. 예를 들어, 가정에서는 정기적으로 '디지털 디톡스' 시간을 가질 수 있다. 자녀와 함께 독서, 보드게임, 심층 대화와 같이 긴 호흡의 활동에 의도적으로 참여하는 것을 고려할 수 있다. 실제로 이러한 활동을 정기적으로 실천하는 가정의 자녀들은 더 높은 집중력과 학업 성취도를 보인다는 연구 결과도 있다.

김아란, 이순형(2021)의 연구는 디지털 디톡스가 청소년의 학업 성취와 집중력에 미치는 영향을 규명했다.[21] 연구진은 만 13~15세 청소년 240명을 대상으로 6개월간의 실험을 진행했으며, 실험군은 주 2회, 회당 2시간씩 모든 디지털 기기를 끄고 가족과 함께하는 활동에 참여했다. 연구 결과, 디지털 디톡스를 실천한 그룹은 통제군 대비 학업성취도가 12% 향상되었고, 연속 과제수행 시간도 평균 18분에서 27분으로 증가했다고 한다.

특히 디지털 디톡스 활동의 결과 국어, 사회 과목에서 15% 이상의 큰 향상을 보였다. 이 연구에서 주목할 만한 점은 부모가 함께 참여한 경우 그 효과가 더욱 컸다는 것이다. 부모 참여 그룹의 경우 학업성취도가 17%까지 향상되었으며, 자기주도학습 시간도 주당 평균 5.2시간 증가했다. 이러한 연구결과는 단순한 디지털 기기 제한보다는 가족과의 질적 상호작용이 청소년의 학업 성취와 집중력 향상에 더욱 중요한 요인임을 시사한다.

교육 분야에서는 '천천히 읽기'나 '깊이 있는 토론'과 같은 전통적인 학습 방식의 가치를 재평가하고, 이를 현대적 맥락에서 새롭게 구현하는 방안을 모색해야 한다. 예를 들어,

디지털 기기를 활용하되 깊이 있는 학습을 유도하는 '슬로우 테크'Slow Tech 접근법이나, 짧은 영상과 긴 텍스트를 효과적으로 결합한 '하이브리드 학습' 방식을 고려할 수 있다.

구체적으로 슬로우 테크는 디지털 기기를 사용하되 깊이 있는 읽기를 추구하는 방식이다. 예를 들어, 태블릿으로 동화책을 읽을 때는 한 페이지에 충분한 시간을 투자하고, 손가락으로 화면을 따라가며 천천히 내용을 읽는다. 이때 부모님은 아이와 함께 내용에 대해 대화를 나누며 이해도를 높일 수 있다.

여기에 더해 하이브리드 학습은 영상과 텍스트를 결합한 새로운 학습 방식을 제시한다. 아이들의 관심을 끌 수 있는 짧은 영상을 시청한 후, 같은 주제의 책을 깊이 있게 읽어보는 것이다. 이를테면 공룡에 관한 다큐멘터리를 잠깐 본 뒤 관련 도서를 찾아 읽으면서 영상에서 보았던 내용과 연결 지어 이해할 수 있다. 이러한 방식은 디지털 네이티브 세대의 특성을 고려하면서도, 깊이 있는 독서의 즐거움을 경험하게 해주는 효과적인 방법이다.

한편, 압축과 요약의 시대를 살아가면서 긴 호흡의 경험을 해치지 않으려면 어떻게 해야 할까? 완전히 요약본을 배제하는 것은 현실적이지 않을 수 있다. 대신 요약본을 '입문' 또는 '보조 자료'로 활용하는 지혜가 필요하다. 예를 들어, 요약본을 통해 전체적인 윤곽을 파악한 후, 관심 있는 부분은 반드시 원문을 통해 깊이 있게 학습하는 방식을 채택할 수 있다.

교육 현장에서는 학생들에게 '요약하는 방법'을 가르치는 것이 중요하다. 타인이 만든 요약본에 의존하는 대신, 스스로 내용을 분석하고 요약하는 능력을 기르는 것이 필요하다. 이는 단순한 정보의 압축이 아닌, 비판적 사고와 분석력을 동반하는 과정이 되어야 한다. 이를 위해 교사와 학부모들은 정기적인 독서 토론 시간을 마련하고, 다양한 관점에서 같은 주제를 다루는 자료를 제공하며, 학생들이 직접 요약문을 만들고 서로 피드백하는 활동을 장려해야 한다. 또한 깊이 있는 학습의 가치를 인정하고 격려하는 평가 시스템을 도입하는 것도 중요하다.

결국 우리에게 필요한 것은 균형 잡힌 접근이다. 효율성만을 추구하다 보면 깊이를 잃게 되고, 깊이만을 고집하다 보면 현실적인 제약에 부딪힐 수 있다. 요약과 깊이 있는 학습을 적절히 조화시키는 것, 그것이 바로 우리 시대가 찾아야 할 해답이다. 특히 부모와 교육자들은 아이들이 이러한 균형을 찾을 수 있도록 안내하는 역할을 해야 한다. 우리 아이들의 미래는 오늘 우리가 어떤 선택을 하느냐에 달려 있다.

# 4장

## 세대별 문해력 실태

# 디지털 시대의 경고등
## : 급락하는 10대들의 문해력

부모라면 스마트폰을 든 아이의 모습을 바라보며 마음 한켠이 무거워졌던 경험이 있을 것이다. 유튜브 쇼츠와 틱톡의 끝없는 영상 속으로 빠져드는 우리 아이들. 그런 아이들의 뇌는 지금 이 순간에도 조용한 변화의 소용돌이 속에 있다.

최근 발표된 국제학업성취도평가PISA는 이러한 우리의 걱정이 결코 기우가 아님을 구체적으로 보여준다. 더욱 주목해야 할 점은 이것이 일시적인 현상이 아닌, 지속적으로 나타나고 있는 사회적 문제라는 사실이다.

잠시 숫자로 이야기를 풀어보자. OECD가 3년마다 진행하는 PISA 평가에서 한국 학생들의 읽기 능력은 2006년 556점으로 정점을 보이고, 이후 지속적인 하락을 보였다.

최근에 실시된 2022년 점수는 515점으로, 2006년 이후 급격한 하락 패턴을 보인다. 더욱 놀라운 것은 교육 강국 핀란드마저 2006년 547점에서 2022년 490점으로 크게 추락했다는 점이다. 무엇이 우리 아이들의 읽기 능력을 이토록 약화시키고 있는 것일까?

우리는 이제 디지털 미디어가 던지는 그림자와 마주해야 한다. 신경과학자들은 짧은 영상의 반복적 시청이 뇌의 주의집중 회로에 깊은 영향을 미친다고 경고한다. 특히 성장기 청소년들의 뇌는 이러한 영향에 더욱 취약하다. 이는 단순한 주의력 저하를 넘어 깊이 있는 사고와 분석 능력의 퇴보로 이어질 수 있다는 점에서 더욱 우려스럽다.

"요즘 아이들은 한 문단의 글도 끝까지 읽기 힘들어합니다.
긴 글을 마주하면 학생들은 곧바로 지루함을 느끼고,
핵심을 파악하는 데 어려움을 겪고 있는 게 요즘 학생들이에요."

한 중학교 교사가 들려준 현장의 목소리에 사회가 이제 귀를 기울여야 한다.

# 하루 11시간의 공부, 단 10분도 못 읽는 책

대한민국 교실에서는 지금도 안타까운 현실이 펼쳐지고 있다. 새벽부터 늦은 밤까지 이어지는 빡빡한 학습 일정 속에서 아이들은 책 한 권 읽을 여유조차 찾지 못하고 있다. OECD와 국내 통계청 조사에 따르면, 우리나라 고등학생들은 하루 평균 11시간 정도를 공부에 할애하고 있다. 이는 OECD 국가 중 최상위권에 속하는 수치로, 어린 나이부터 직장인보다 더 긴 노동시간을 감내하고 있는 것과 다름없다. 과도한 학습 부담은 단순한 피로를 넘어 아이들의 인지

발달과 창의성 계발에 심각한 장애물이 되고 있다.

특히 입시라는 거대한 산 앞에서 독서는 사치스러운 취미 활동쯤으로 치부되고 있는 것이 현실이다. 한국직업능력개발원에서 2018년에 조사한 우리나라 고등학생의 독서 실태를 살펴보면, 전체 학생의 15%는 고교 재학 중 책을 한 권도 읽지 않았으며, 월평균 독서량은 1.81권이라고 한다.[22]

고등학생의 연간 독서량 8.8권은 초등학생 67.1권과 중학생 18.5권에 비해 현저히 낮은 수준으로 확인되었다. 대학 입시를 앞둔 고3 학생들의 대부분이 독서를 하지 못하는 주된 이유로 '시간 부족'을 꼽았다는 사실은 우리 교육의 현주소를 적나라하게 보여준다. "교과서와 문제집 외의 책을 읽는 것은 사치다", "독서에 시간을 투자하면 수능 공부에 방해가 될까 봐 불안하다"라는 학생들의 고백은 쓰디쓴 현실의 단면을 드러내고 있다. 하지만 한국직업능력개발원의 조사 결과를 조금 더 살펴보면, 독서 활동이 활발한 학생들은 그렇지 않은 학생들에 비해 실제로는 학업성취도, 진로성숙도, 자기효능감 등 모든 측면에서 높은 수준을 보였다고 한다.

뇌과학 연구는 이러한 교육 현실의 위험성을 분명히 보여준다. 지속적인 스트레스와 과도한 학습 부담은 뇌의 전전두엽 발달을 저해하며, 창의적 사고력과 문제해결 능력의 발달에 부정적인 영향을 미칠 수 있다. 청소년기는 뇌의 가소성이 가장 높은 시기로, 이 시기의 균형 잡힌 인지발달은 평생의 학습 능력을 좌우할 수 있다.

더욱 안타까운 점은 이러한 현상이 단순한 시간 부족을 넘어 교육의 본질을 위협하는 수준에 이르렀다는 것이다. 많은 학생이 독서를 '입시와 무관한 활동' 혹은 '시간 낭비'로 인식하고 있다고 한다. 청소년 약 1,500명을 대상으로 국립어린이청소년도서관이 2023년에 실시한 설문에서

53%가 '독서가 학업 성취도 향상에 도움이 되지 않는다'거나 '잘 모르겠다'고 응답한 사실은 나무만 보고 숲을 보지 못하는 교육의 현주소를 보여준다.[23]

교육 전문가들은 이러한 현상이 장기적으로 아이들의 경쟁력을 약화시킬 수 있다고 경고한다. 독서는 단순한 지식 습득을 넘어 비판적 사고력, 창의력, 공감 능력을 발달시키는 총체적 학습 활동이다. 특히 인공지능 시대에는 단순 암기나 문제풀이 능력보다 독서를 통해 길러지는 통찰력과 창의적 사고력이 더욱 중요한 경쟁력이 될 것이다.

이제 교육의 패러다임 전환을 진지하게 고민해야 할 시점이다. 당장의 시험 점수를 위해 미래의 경쟁력을 포기하고 있는 것은 아닌지, 나무만 바라보느라 숲을 잃고 있는 것은 아닌지 성찰해야 한다. 이를 위해 입시 위주의 교육과정을 재검토하고 독서의 가치를 재조명하는 교육 정책의 변화가 필요하다.

학교 현장에서도 독서를 단순히 '권장'하는 활동이 아니라 필수적인 교육과정의 일부로 인식하는 변화가 필요하다. 교과연계 독서 프로그램 개발, 독서 토론 수업 활성화, 독서 평가 방식의 다양화 등을 통해 독서가 학습의 일부가 되도록 해야 한다.

결론적으로, 하루 11시간의 공부 속에서도 책 한 권 읽을 시간을 찾지 못하는 현실은 우리 교육이 직면한 가장 큰 도전 과제 중 하나다. 이는 단순히 개별 학생이나 학부모의 선택 문제가 아니라 교육의 방향성과 직결된 중대한 사회적 과제이다. 미래 사회에서 진정으로 필요한 것은 단순한 지식의 축적이 아니라 독서를 통해 길러지는 깊이 있는 사고력과 창의성임을 모두가 깊이 인식해야 할 때다.

# 책 읽기가 너무 싫어요!

"책 읽기가 너무 싫어요."

이 말은 이제 교실과 가정에서 흔히 들을 수 있는 표현으로, 우리 교육의 현주소를 적나라하게 보여주는 신호와 같다. 한국교육개발원이 전국 중고등학생 4,827명을 대상으로 실시한 조사 결과는 충격적이다. 조사에 따르면, 우리나라 중·고등학생들의 독서량은 월평균 1.2권에 그치는 것으로 나타났다. 하루 평균 독서시간은 평일 32분, 주말 41분으로 조사되었다.

이처럼 청소년들의 독서량이 저조한 주된 원인으로는 학업부담으로 인한 시간 부족이 67.8%로 가장 높게 나타났다. 그다음으로는 스마트기기 사용 선호(42.3%), 독서습관 부족(38.9%) 순으로 조사되었다.

그리고 무려 약 64%의 학생들이 '독서에 대한 부정적 감정'을 가지고 있다고 답했다. 이는 마치 영양가 높은 음식을 거부하는 아이들처럼, 우리 청소년들이 정신적 영양분인 책으로부터 점점 멀어지고 있는 현실을 보여준다.[24]

독서에 대한 거부감의 원인을 살펴보면 현대 사회의 단면이 뚜렷하게 드러난다. 클릭 한 번으로 화려한 영상을 보고, 스크롤 한 번으로 새로운 정보를 접하는 데 익숙해진 아이들에게 책은 지루하고 느린 매체로 느껴질 수밖에 없다.

한국청소년정책연구원의 2023년 연구에 따르면, 청소년의 스마트폰 보유율은 지속적으로 증가하여 초등학생 82.9%, 중학생 95.5%, 고등학생 98.7%에 달하는 것으로 나타났다.[25] 청소년들의 일평균 미디어 이용시간은 학습 외 목적으로 3시간 27분을 기록했다.

이러한 미디어 이용 증가는 청소년들의 독서 행태에도

영향을 미쳤다. 종이책 기준 연간 독서량은 평균 21.0권으로 감소 추세를 보였으며, 청소년들이 독서시간이 부족한 주된 이유로는 학업 부담(41.2%)과 미디어 이용(38.7%)이 꼽혔다.

그리고 무려 75.3%의 학생들이 책보다 유튜브나 SNS가 "훨씬 재미있고 효율적"이라고 답했다. 이는 마치 패스트푸드에 길들여진 입맛이 건강식의 담백함을 느끼지 못하는 것과 같은 현상이다. 쉽게 접근할 수 있는 자극적 매체는 책의 본질적 가치를 가리며, 아이들이 독서로부터 흥미를 잃게 만들고 있다.

문제는 이보다 더 깊다. 교육부와 문화체육관광부가 공동으로 조사한 '2023 청소년 독서문화 실태조사'에 따르면, 중고등학생의 독서 활동 중 69.8%가 타의에 의한 것이라는 사실이 밝혀졌다.[26]

"이번 달 독서록 제출하세요."

"하루 30분은 꼭 책을 읽으세요!"

이렇게 강요된 독서는 마치 억지로 먹이는 영양제와 같다. 당장은 효과가 있어 보일 수 있지만, 장기적으로는 오히려 독서에 대한 거부감을 키운다. 강요된 독서는 아이들에게 독서의 즐거움을 전달하기보다는 의무와 부담으로 다가오며, 결국 독서와의 관계를 악화시키는 요인이 된다.

독서 연구자들은 '강요된 독서'의 문제점에 대해 중요한 이야기를 우리에게 전한다. 청소년기에 독서를 강요 받은 경험이 있는 사람들 대부분이 성인이 된 이후에도 자발적인 독서에 어려움을 겪는다는 것이다. 관심과 흥미에 의해 독서 활동을 하는 것이 아닌, 스펙 쌓기의 하나로 강요된 독서를 하고 있는 청소년들의 마음에 무엇이 남을까? 이는 어린 시절의 쓴 약 경험이 평생 약에 대한 트라우마로 남는 것과 비슷한 현상이다. 이러한 부정적 경험은 단순히 독서 습관의 문제를 넘어, 학습 태도와 지적 성장에까지 영향을 미치는 심각한 결과를 초래할 수 있다.

교육심리학자들은 이러한 독서 거부감의 형성을 '학습된 무기력'의 한 형태로 설명한다. 반복적인 의무적 독서 경험은 아이들로 하여금 독서 자체에 흥미를 잃게 하고 자신감을 저하시킨다. 이는 마치 운동을 강요받아 스트레스를 받은 아이가 점차 모든 신체 활동을 꺼리게 되는 메커니즘과 유사하다. 이러한 경험은 독서라는 행위를 단순히 재미없는 활동으로 인식하게 만들 뿐 아니라, 독서와 연결된 학습과 탐구의 즐거움마저 단절시킨다.

책을 읽는다는 행위는 단순히 정보를 습득하는 것을 넘어 세상을 이해하고 깊이 있는 사고를 확장하는 과정이다. 하지만 이 과정이 강제적으로 이루어진다면 아이들은 독서가 주는 즐거움을 느끼지 못한 채 책을 멀리하게 된다. 독서는 학습의 핵심이자 사고력과 공감 능력을 기르는 필

수적 활동이다. 이러한 활동이 아이들에게 부담으로 다가
갈 때, 그 피해는 단순히 독서 습관의 부재를 넘어 장기적인
학습 역량의 저하로 이어질 수 있다.

## 독서록이 죽이고 있는 독서의 즐거움, 평가를 위한 학교 독서

"이 책을 읽고 무엇을 느꼈나요? A4 2장 분량으로 작성하
세요."

언뜻 보면 독서 교육을 위한 평범한 과제처럼 보이는 이
말은, 어쩌면 우리 아이들의 독서 사랑을 서서히 갉아먹는
조용한 독이 되고 있는지도 모른다. 한국의 교실에서 독서
는 이제 더 이상 즐거운 탐험이 아닌, 평가를 위한 도구로

전락해버렸다고 한다. 이는 마치 아름다운 정원을 걸으면서도 꽃의 종류와 특징을 외워야만 하는 것처럼, 독서의 본질적인 즐거움을 놓쳐버리는 결과를 초래하고 있다.

"책을 읽으면서도 머릿속은 다른 생각으로 가득해요.
이 부분을 독서록에 어떻게 쓰지?
선생님은 어떤 답변을 기대하실까?
다른 친구들은 뭐라고 쓸까?"

교실에서 독서는 이제 더 이상 즐거운 탐험이 아닌,
평가를 위한 도구로 전락해버렸다.

학생들이 말하는 독서록에 대한 생각은 마치 우리 교육의 현주소를 비추는 거울과도 같다. 책장을 넘기는 손길에도, 문장을 읽는 눈빛에도 자유로움이 사라졌다. 이러한 현상은 단순한 독서 방식의 변화를 넘어, 우리 아이들의 창의성과 상상력 발달에도 부정적인 영향을 미치고 있다.

독서기록장, 독후감, 교과연계독서활동… 이러한 단어들은 마치 독서라는 자유로운 새를 철창 속에 가두는 쇠창살과도 같을 수 있다. 책을 읽는 순간에도 학생들의 머릿속은 '평가'라는 그림자에 짓눌려 있다. 이는 마치 맛있는 음식을 먹으면서도 끊임없이 영양성분을 계산해야 하는 것과도 같은 상황이다. 교육학자들은 이러한 '도구화된 독서'가 장기적으로 아이들의 자발적 학습 동기와 독서 습관 형성에 심각한 장애물이 될 수 있다고 경고한다.

특히 입시 위주의 교육 환경은 이러한 현상을 더욱 악화시키고 있다. 독서가 또 하나의 '스펙'으로 변질되면서, 책의 숫자를 채우기에 급급한 형식적인 독서가 만연해지고 있다. '이 책을 읽으면 논술에 도움이 될까?', '이 책은 자기소개서에 쓸 만할까?'라는 생각이 '이 책이 재미있을까?', '이 책에서 무엇을 배울 수 있을까?'라는 본질적인 호기심을 대체해버린 것이다. 이는 마치 예술 작품을 감상하면서도 오직 시험 문제에 나올 만한 부분만을 찾아내려 하는 것과 같은 왜곡된 현상이다.

　더욱 우려되는 것은 이러한 평가 중심의 독서 교육이 아이들의 뇌 발달에 미치는 영향이다. 신경과학 연구에 따르면, 즐거움과 자발성이 동반된 독서는 뇌의 창의성과 공감 능력을 담당하는 영역을 활성화시키는 반면, 강제된 독서는 오히려 스트레스 호르몬을 증가시켜 학습 효과를 저해할 수 있다고 한다.

　이처럼 독서가 평가의 대상이 되면서, 본래 지식과 감동을 주는 즐거운 활동이어야 할 독서는 이제 부담스러운 과제로 전락해버렸다. 마치 자유롭게 날아다니던 새가 철창 속에 갇혀 날개를 접은 것처럼, 우리 아이들의 독서에 대한 순수한 열정도 점차 시들어가고 있는 것은 아닐까?

그렇다면 우리는 어떻게 해야 할까? 전문가들은 '평가 없는 독서 시간'의 필요성을 강조한다. 책을 읽고 난 후의 활동도 획일화된 독서록 작성이 아닌, 자유로운 토론, 창작 활동, 연극 등 다양한 방식으로 확장될 수 있어야 한다.

진정한 독서의 가치는 평가나 기록으로 환산될 수 있는 것이 아니다. 책 속에서 발견하는 새로운 세계에 대한 경이로움, 주인공과 함께 웃고 우는 감동, 그리고 그 속에서 자연스럽게 피어나는 사고의 확장… 이러한 독서의 본질적 가치들이 지금 우리의 교육 현장에서 조금씩 사라져가고 있는 것이다. 이제는 우리 교육이 독서의 본질을 되찾고, 아이들이 다시 책의 진정한 매력을 발견할 수 있도록 도와주어야 할 때다.

# 책은 많은데 읽을 책은 없다?

"도서관에 책은 많은데, 정작 읽고 싶은 책은 없어요."

이 모순적인 말은 우리 시대 청소년들의 독서 현실을 적나라하게 보여주는 하나의 단면이다. 책은 많은데, 읽고 싶은 책은 없다? 이는 단순한 선호도의 문제를 넘어, 청소년들의 문화와 관심사가 도서관 장서 구성에 제대로 반영되지 못하고 있다는 것을 의미한다.

지역 및 학교 도서관 서가에는 책들이 가득하다. 셰익스피어부터 아인슈타인까지, 논어부터 경제, 금융, 인공지능 서적까지… 하지만 정작 우리 아이들의 눈빛은 이 책들을 스쳐 지나갈 뿐이다. 지역 및 학교 도서관 장서 현황이 보여주는 현실은 마치 청소년들의 마음과 동떨어진 섬과도 같다. 문학 고전, 과학 교양서, 경제 입문서들이 도서관 서가의 주류를 이루고 있지만, 정작 그 책들은 우리 아이들의 손길을 기다리다 먼지만 쌓여가고 있다. 이러한 현상은 교육 현장과 청소년 문화 사이의 간극을 여실히 보여준다.

청소년들이 진정으로 관심을 가지는 것은 판타지 소설, 웹소설, 스포츠, 게임, 아이돌 관련 도서들이라고 한다. 마치 청소년들에게 클래식 음악만을 강요하면서 그들이 왜 음악을 사랑하지 않는지 고민하는 것과도 같은 모순이 여기에 있는 것이다. 이는 단순히 취향의 차이가 아닌, 세대 간의 문화적 단절을 보여주는 증거이기도 하다.

교육학자들은 이러한 현상이 '문화적 단절'과 '세대 간 인식 차이'에서 비롯된다고 분석한다. "이런 책은 수준이 낮아.", "이런 건 읽을 가치가 없어." 어른들의 이러한 평가는 자칫 우리 아이들의 독서 의욕 자체를 꺾어버리는 독이 될 수 있다. 독서의 시작은 흥미에서 비롯된다. 처음에는 가벼운 주제의 책이라도, 읽는 즐거움을 알게 된 아이들은 자연스럽게 더 다양하고 깊이 있는 책으로 독서의 영역을 넓혀갈 수 있다. 마치 달리기를 배우는 아이가 처음부터 마라톤을 뛸 수 없는 것처럼, 독서도 단계적인 접근이 필요한 것이다.

실제로 독서교육 전문가들은 '독서 사다리' 개념을 제시한다. 쉽고 재미있는 책에서 시작하여 점진적으로 더 복잡하고 깊이 있는 내용으로 나아가는 방식이다. 예를 들어, 판타지 소설을 좋아하는 학생이 있다면, 그 흥미를 바탕으로 신화와 전설, 나아가 세계 문학으로 독서 영역을 확장해 나갈 수 있다.

이제 우리는 진지하게 물어야 한다. 과연 누구를 위한 독서인가? 어른들의 기준으로 정해진 '좋은 책'들이, 정작 우리 아이들에게는 독서의 장벽이 되고 있는 것은 아닐까? 청소년들의 관심사와 눈높이를 무시한 채 이루어지는 독서교육은, 마치 메아리 없는 외침처럼 공허할 수밖에 없다.

진정한 독서 교육은 아이들의 현재 관심사를 인정하고, 그것을 출발점으로 삼는 데서 시작되어야 한다. 당장은 가벼워 보이는 책이라도, 그것이 우리 아이들에게 독서의 즐거움을 알게 하는 첫 걸음이 될 수 있다면, 그것이야말로 진정한 '좋은 책'이 아닐까? 이제는 우리 교육이 청소년들의 문화와 관심사를 진정성 있게 받아들이고, 그들과 함께 새로운 독서 문화를 만들어가야 할 때다.

## 성인의 문해력도 위험하다, 가정통신문도 못 읽는 학부모

디지털 시대를 살아가는 우리에게 문해력의 위기가 찾아왔다. 언론에 보도된 한 초등학교 가정통신문과 관련해 일어난 작은 해프닝은 이러한 현실을 적나라하게 보여주는 단면이었다.

어느 날, 전학을 가게 된 학생의 학부모가 새 교과서를 사서 학교에 반납하러 방문하였다고 한다. 새 교과서를 받은 교사는 의아해하며 가정통신문을 다시 확인해보니, 아래와 같은 문장이 있었다.

"전학 시 사용하던 교과서를 사서 선생님에게 반납해주세요."

학부모는 "사서일정한 자격을 가지고 도서관 등에서 자료의 수집, 정리, 보존 및 열람에 관한 사무에 종사하는 사람 선생님"에게 반납해달라는 의미를 "사서(구입하여)" 반납해달라는 의미로 오해했던 것이다.

내용을 정확하게 읽지 않고 일어난 단순한 실수로 치부하기에는 '웃픈' 성인 문해력의 한 단면을 보여주는 사례였다. 현대 사회에서 성인의 문해력 저하는 일상생활 곳곳에서 다양한 형태로 나타나고 있다. 아파트 주차장 공지사항을 잘못 이해해 이웃 간 갈등이 발생하거나, 제품 사용설명서를 제대로 읽지 않아 안전사고가 발생하는 경우가 빈번하다. 더욱 우려되는 것은 이러한 문제가 직장생활에서도 심각한 장애요소로 작용한다는 점이다.

한 대기업 인사담당자의 증언은 이 문제의 심각성을 더욱 명확히 보여준다. 신입사원들의 업무 수행 과정에서 가장 큰 문제점으로 '문서 이해력 부족'이 지적된 것이다. 업무 지시서나 보고서를 정확하게 이해하지 못해 발생하는 실수가 빈번한 현실이다. 한 직장인은 회사 메일을 대충 읽고 잘못 이해해 난처한 상황을 겪은 후, 중요한 내용은 반드시 두 번 읽는 습관을 들였다고 한다.

그렇다면 이러한 문제를 어떻게 개선할 수 있을까? 가장 중요한 것은 일상생활에서 꾸준히 실천할 수 있는 습관을 만드는 것이다. 중요한 문서는 반드시 처음부터 끝까지 꼼꼼히 읽고, 필요한 경우 메모를 하며 읽는 적극적 문해습관을 길러야 한다. 특히 계약서나 공지사항 같은 중요 문서는 반드시 두 번 이상 읽어보는 습관을 들이는 것이 효과적이다.

또한 읽은 내용을 자신의 말로 다시 정리해보는 연습도 매우 유용하다. 이는 단순히 글자를 읽는 것을 넘어 내용을 진정으로 이해했는지 확인하는 검증 방법이 된다. 가족이나 동료들과 읽은 내용에 대해 이야기를 나누는 것도 이해도를 높이는 데 도움이 된다.

더불어 매일 정해진 시간에 신문 사설을 읽거나 책을 읽는 시간을 확보하는 것이 중요하다. 처음에는 10분이라도 좋으니, 꾸준히 실천하면서 점차 시간을 늘려가는 것이 바람직하다. 이러한 습관은 단순히 문해력 향상뿐만 아니라 집중력 향상과 스트레스 해소에도 긍정적인 영향을 미친다.

디지털 시대를 살아가는 부모에게 문해력은 선택이 아닌 필수 역량이다. 부모의 문해력 저하는 바로 자녀 문해력과

교육에 중요한 부정적 영향을 미친다. 바로 부모의 문해력
은 단순한 개인의 능력 문제를 넘어 가정교육의 질을 좌우
하는 중요한 요소이다. 지금 이 순간부터라도, 부모로서 우
리 모두가 나의 문해력을 키우고자 하는 스스로의 마음과
노력을 만들어가면 어떨까?

## 책 읽지 않는 성인,
## 책 읽지 않는 자녀를 만들고 있다!

　　최근 발표된 문화체육관광부의 국민독서실태조사 결과
는 우리 모두가 주목해야 할 충격적인 현실을 보여준다.
1년에 책을 한 권 이상 읽는 사람들의 비율을 보면, 청소
년 독서율은 90%를 넘는 결과를 보이지만, 성인 독서율은
47.5%에 지나지 않는다는 것이다. 이 두 숫자가 말해주는

것은 먼저 우리 어른들이 책과 거리가 먼 일상을 보내고 있다는 것이다. 우리 사회의 문해 환경이 무너지고 있다는 것을 보여주는 지표인 것이다. 또 한 가지 여기서 생각해볼 수 있는 것은, 우리 아이들이 지금은 책을 읽고 있지만, 성인이 되면 책을 멀리할 가능성이 매우 높다는 것이다.

이런 현상이 발생하는 이유는 청소년들의 '독서 동기'에 있다. 청소년 독서율 90%라는 높은 독서율의 이면에는 불편한 진실이 숨어 있다. 대부분의 청소년들이 '학교에서 시키니까', '필수 과제라서' 책을 읽고 있다는 것이다. 독서의 즐거움을 느끼지 못한 채, 의무감으로 책을 읽는 것이다. 이런 타율적 독서는 마치 시한폭탄과도 같다. 학교를 졸업하는 순간, 더 이상 책을 읽어야 할 '의무'가 사라지면서 자연스럽게 책과 멀어지게 된다. 실제로 성인 두 명 중 한 명은 1년 동안 단 한 권의 책도 읽지 않는다는 충격적인 현실이 이를 증명한다.

더 심각한 것은 이것이 우리 아이들에게 미치는 영향이다. 부모가 책을 읽지 않는 가정에서 자라는 아이들은 책 읽는 모습을 한 번도 본 적 없어 독서의 가치와 즐거움을 발견하기 어렵다. 이는 마치 쓰나미와 같은 파급효과를 일으킨다. 책을 읽지 않는 부모 세대가 늘어날수록 가정에서의 독서 문화는 사라지고, 독서 문화가 없는 가정에서 자란 아이들은 다시 책을 멀리하는 성인이 되며, 이 과정이 반복되면서 사회 전체의 문해력은 계속해서 하락하게 된다.

하지만 어른들이 지금 다시 행동한다면, 이 위기는 새로운 기회가 될 수 있다. 먼저 가정에서 시작하는 작은 변화가 필요하다. 잠들기 전 10분이라도 아이와 함께 책을 읽는 것이다. 부모가 먼저 책을 손에 쥐는 것만으로도 아이들에게는 큰 영향을 미친다. 육아정책연구소가 1,000명이 넘는 아이들을 추적 조사한 종단 데이터를 분석한 흥미로운 연구 결과가 있다. 아이가 만 다섯 살 때 책을 많이 읽어준 가정의 아이들이 초등학교에 들어가서도 책 읽기를 좋아하고 잘 읽는다는 것이다. 그런데 여기서 중요한 것은 단순히 책을 많이 사주는 것이 아니라, 부모가 어떻게 아이와 함께 책을 읽느냐다.

첫째, 부모가 먼저 책 읽는 모습을 보여주는 것이다. 실제로 부모가 책을 자주 읽는 가정의 아이들은 스스로 책을 찾아 읽는 경향이 강하다. 아이들은 부모의 모습을 보고 자연스럽게 책 읽기를 일상으로 받아들이는 것이다.

둘째, 다양한 종류의 책을 접하게 해주는 것이다. 그림책, 동화책, 과학책 등 여러 종류의 책이 있는 가정의 아이들은 호기심이 많아지고, 책 읽기에 더 흥미를 느낀다.

셋째, 가장 중요한 것은 부모와 아이가 함께 책을 읽는 시간이다. 단순히 책을 읽어주는 것이 아니라, 이야기를 나누고 질문도 하고 대답도 하는 '대화하는 독서'가 아이의 읽기 능력을 크게 향상시킨다.

# 요즘 세대의 문해력에 대한
# 기업의 걱정

디지털 기술의 발전으로 우리의 소통 방식이 급격히 변화하면서, 기업 현장에서 새로운 형태의 문해력 위기가 대두되고 있다. 특히 디지털 네이티브인 MZ세대가 직장에 진입하면서, 전통적인 비즈니스 커뮤니케이션과 새로운 소통 방식 사이의 간극이 더욱 뚜렷해지고 있는 것이 현실이다.

한국경영자총협회가 실시한 최근 조사에서는 신입 직원의 약 50% 정도가 업무에 필요한 문해력이 부족한 것으로 나타났다고 한다. 이는 단순한 통계 수치를 넘어 기업의 업무 효율성과 조직 문화에 실질적인 영향을 미치는 심각한 문제로 대두되고 있다. 기업의 임원들은 "신입사원들의 보고서를 보면 마치 SNS 게시물을 읽는 것 같다"며, "문장이 파편화되어 있고 논리적 흐름이 부족하다"고 문제점을 지적한다.

이러한 현상은 특히 업무의 핵심이 되는 문서 작성 능력에서 두드러지게 나타난다고 한다. 기업의 인사 담당자들은 신입사원들이 제출하는 기획안에서 문제 분석과 해결방안 사이의 논리적 연결성이 부족하다고 걱정한다. 더욱 우려되는 점은 이러한 현상이 서면 커뮤니케이션에만 국한되지 않는다는 것이다. 구두 보고 과정에서도 많은 신입사원들이 핵심을 파악하지 못하고 산만한 발표를 하는 경우가 빈번하게 발생하고 있다는 것이다.

이러한 현상의 근본적인 원인은 디지털 시대의 변화된 소통 환경에서 찾을 수 있다. MZ세대는 성장 과정에서 SNS와 메신저를 통한 단문 위주의 소통에 익숙해져 있다. 이모티콘과 축약어를 활용한 감정과 의사 전달은 능숙하지만, 긴 호흡의 논리적 글쓰기와 체계적인 말하기 능력을 충분히 발달시키지 못한 것이다.

　더불어 현대의 정보 소비 방식도 이러한 현상에 영향을 미치고 있다. 짧은 동영상, 카드뉴스 등 파편화된 정보에 익숙해진 세대는 긴 글을 읽고 이해하는 데 어려움을 느끼며, 이는 자연스럽게 글쓰기 능력의 저하로 이어지고 있는 것이다.

　기업교육 전문가들은 이 문제가 단순한 글쓰기 기술의 부족이 아닌, 종합적 사고력의 결여에서 비롯된다고 분석한다. 업무 관련 문서 작성은 문제 인식, 원인 분석, 해결책 도출, 논리적 서술이라는 복합적인 사고 과정을 필요로 한다. 이는 단순히 글쓰기 능력만으로는 해결할 수 없는 종합적인 역량의 문제인 것이다.

　우리 자녀가 사회에 진출해 자신의 일을 성공적으로 수행하기 위해서 필요한 것이 분석, 평가, 산출을 기반으로 하

는 새로운 문해력이다. 이러한 요구들을 충족하지 못하는
경우 기업 상황에서 자신에게 주어지는 업무들을 제대로
수행하기 어려울 것은 명확한 사실이다. 21세기가 요구하
는 문해력을 제대로 키워야 하는 이유가 바로 여기 있는 것
이다.

2부

# 뇌 발달과
# 문해력

# 1장

뇌 발달의
결정적 시기

# 아이의 두뇌와 문해력 발달의 골든타임 : 3~8세

우리 아이의 뇌는 마치 무한한 가능성을 품은 정원과도 같다. 특히 3~8세는 이 정원에서 언어와 문해력이라는 아름다운 꽃을 피우기에 가장 좋은 계절과도 같은 시기다. 뇌 영상 연구들은 이 시기에 언어 관련 뇌 영역에서 가장 활발한 시냅스 형성이 일어난다는 놀라운 사실을 보여주고 있다. 마치 비옥한 토양에서 싹이 트고 뿌리를 내리는 것처럼, 아이의 뇌에서는 언어를 처리하고 이해하는 정교한 신경망이 형성되고 있는 것이다.

여기서 주목해야 할 점은 이 시기가 '결정적 시기'가 아닌 '민감한 시기'라는 것이다. 이는 매우 중요한 차이를 가진다. 마치 봄이 꽃을 피우기에 가장 좋은 계절이지만, 다른 계절에도 꽃을 피울 수 있는 것처럼, 이 시기를 놓쳤다고 해

서 발달의 기회가 완전히 사라지는 것은 아니다. 신경가소
성에 대한 최신 연구들은 뇌가 성인기에도 놀라운 적응력
과 학습 능력을 가지고 있음을 보여준다. 다만, 3~8세가 가
장 효과적이고 자연스러운 발달이 이루어질 수 있는 '최적
의 시기'라는 것이다.

　3~4세 아이들의 혼잣말은 언어와 사고의 자연스러운 발
달의 좋은 예시다. 러시아의 심리학자 비고츠키는 이 혼잣
말이 단순한 장난이 아닌, 사고를 조직화하고 문제를 해결
하는 중요한 발달 과정이라고 설명한다. 최근의 신경과학
연구들은 이러한 혼잣말이 전두엽의 실행기능 발달과 밀
접한 관련이 있음을 보여준다. 아이가 블록을 쌓으며 "이건
여기, 저건 저기" 하고 중얼거리는 것은 마치 어린 정원사
가 자신만의 방식으로 식물을 가꾸는 것과 같은 소중한 학
습 과정인 것이다.

　어린 시기 언어 발달에 관한 하트와 리슬리의 연구는 이

시기 언어 환경의 중요성을 더욱 분명하게 보여준다.[27] 3세까지 아이들이 접하는 단어 수에서 최대 3,000만 개의 차이가 날 수 있다는 사실은, 마치 어떤 아이는 다양한 식물이 자라는 풍성한 정원에서, 다른 아이는 메마른 땅에서 자라나는 것과 같은 환경적 격차를 보여준다. 더욱 주목할 만한 점은 이러한 초기 언어 경험의 차이가 이후의 학업 성취와 사회적 능력 발달에까지 장기적인 영향을 미친다는 것이다.

신경과학자 도널드 헤브의 "함께 발화하는 뉴런은 함께 연결된다"는 원리는 이 시기 경험의 중요성을 과학적으로 설명한다. 이는 마치 정원의 물길이 자주 흐를수록 더 선명해지고 효율적으로 변하는 것처럼, 반복적인 언어 경험이 뇌에 더 강력한 회로를 만든다는 것을 의미한다. 특히 정서적으로 풍부한 상호작용 속에서 이루어지는 언어 학습이 가장 효과적이라는 연구 결과들은, 따뜻한 관계 속에서의 자연스러운 언어 발달의 중요성을 강조한다.

그러나 이러한 과학적 발견들이 조기 교육을 강요하거나

과도한 학습을 정당화하는 근거가 되어서는 안 된다. 오히
려 이는 아이들의 자연스러운 발달 단계에 맞춘 풍부한 언
어적 상호작용과 문해 환경의 중요성을 강조하는 것이다.
최근의 연구들은 과도한 학습 압박이 오히려 아이의 스트
레스 호르몬 수치를 높이고 학습 효율을 저하시킬 수 있다
는 점을 경고한다.


## 아이의 평생을 좌우하는
## 초기 문해력


"엄마, 이 단어가 무슨 뜻이에요?"


책을 읽다가 모르는 단어를 물어보는 아이의 질문은 사
실 문해력 발달의 소중한 순간이다. 하지만 요즘 이런 광경

을 보기가 쉽지 않다. 대부분의 아이들이 스마트폰이나 태블릿으로 짧은 영상을 보는 데 시간을 보내기 때문이다. 특히 인공지능 시대를 살아갈 우리 아이들에게, 깊이 있는 이해력과 사고력의 기반이 되는 문해력은 그 어느 때보다 중요해지고 있다.

  교육 현장에서 아이들을 가르치는 초등학교 교사들은 입학생들 간의 어휘력 격차가 해가 갈수록 심화되고 있다는 점을 지적하고 있다. 교사들의 보고에 의하면, 동화책 독서 경험이 풍부한 아동들은 다양하고 풍부한 어휘를 자유롭게 구사하는 반면, 디지털 기기 사용에만 과다 노출된 아동들의 경우 기초적인 어휘의 이해도조차 현저히 낮은 것으로 나타났다고 한다. 현장 교사들은 이러한 어휘력의 격차가 학생들의 수업 참여도와 학습 의욕에도 직접적인 영향을 미치고 있음을 우려하고 있다.

  이러한 초기 어휘력의 차이는 단순한 말하기 능력의 차

이를 넘어 전반적인 학습 능력에 지대한 영향을 미친다. 최근 교육 연구에 따르면, 취학 전 아동의 어휘력은 이후의 학업 성취도를 예측하는 주요 지표로 나타난다.

예를 들어, '영양분을 만드는 작용'이라는 과학 용어를 배울 때, '영양분'이 생명 유지에 필요한 물질이라는 것을 아는 아이와 모르는 아이 사이에는 이해도에서 큰 차이가 발생할 수 있다. 이는 마치 퍼즐을 맞추는 것과 같다. 기본 조각(어휘)이 많은 아이는 새로운 지식을 더 쉽게 연결하고 이해할 수 있지만, 기본 조각이 부족한 아이는 학습 자체가 어려워지는 것이다.

더욱 우려되는 점은 이러한 초기의 격차가 시간이 지날수록 더 벌어진다는 사실이다. 이는 '매튜 효과'matthew effect라고 불리는 현상으로, 교육심리학 연구자인 스타노비치가 읽기 발달 연구에서 처음 소개했다.

예를 들어, 1학년 때 상위 독자와 하위 독자의 읽기 유창성 차이가 분당 20단어였다면, 3학년이 되면 그 차이가 분당 40단어로 증가하는 식이다. 앞에서 언급한 하트와 리스리의 연구에 따르면, 3세까지 저소득층 아동은 중상위층 아동에 비해 약 3천만 단어를 덜 접하게 되며, 이러한 격차는 이후 학업 성취도에 지속적인 영향을 미친다고 한다.

이러한 차이는 모든 과목의 학습에 영향을 미치게 되는데, 던칸과 동료들이 2007년에 발표한 연구 School Readiness and Later Achievement 에서는 취학 전 문해력이 취학 후 읽기는 물론 수학 교과 등 전반적인 학업성취에 긍정적인 영향을 미친다는 것을 보여주었다.[28] 이는 단어를 잘 이해하고 글을 잘 읽는 능력이 새로운 지식을 습득하는 기본 도구가 되기 때문이다.

또한 OECD PISA 결과도 읽기 능력과 수학 문제해결력 간의 강한 상관관계를 보여주고 있다. 즉, 읽기 이해력이 높은 학생들은 수학적 문제해결에서도 더 나은 성과를 보이는 경향이 있다는 것이다. 이는 수학 문제를 해결하기 위해서는 문제 상황을 정확히 이해하고 해석하는 능력이 필수적이기 때문이다.


## 부모가 함께 만드는 초기 문해력


초기 문해력을 어떻게 키워야 할까?

첫째, 영유아기부터 책 읽어주기를 시작하는 것이 중요하다. 아기가 말을 알아들을 리 없다고 생각하기 쉽지만, 아기는 부모의 목소리를 통해 언어의 리듬과 패턴을 학습한다. 그림책을 함께 보며 대화하는 과정에서 자연스럽게 어휘력이 발달하게 된다. 특히 같은 책을 반복해서 읽어주는 것이 중요한데, 이는 아이가 단어와 문장 구조를 더 깊이 이해하고 기억하는 데 도움이 된다. 뇌과학 연구에 따르면, 반복적인 책 읽기는 언어 발달과 관련된 뇌 영역의 활성화를 촉진하는 것으로 나타났다.

둘째, 일상적인 대화를 풍부하게 만들어야 한다. 저녁 식사 시간에 오늘 있었던 일을 이야기하거나, 산책하면서 보는 것들에 대해 대화를 나누는 것이 좋다. 이러한 대화는 아이의 어휘력과 표현력을 자연스럽게 키워준다. 특히 '왜'라는 질문에 대해 설명하고 토론하는 과정은 아이의 논리적 사고력 발달에도 큰 도움이 된다. 언어발달 전문가들은 이러한 일상적 대화가 아이의 언어 습득에 있어 교과서적 학습보다 더 효과적이라고 강조한다.

셋째, 디지털 기기 사용 시간을 적절히 제한해야 한다. 스웨덴 보건 당국은 만 2세 미만 영유아의 경우 디지털 기기 노출을 피하고, 2~4세는 하루 1시간 이내로 제한할 것을 권고하고 있다. 단순히 시간을 제한하는 것을 넘어, 디지털

기기 사용 시에도 함께 보고 대화하면서 상호작용하는 것
이 중요하다. 연구에 따르면, 부모와의 상호작용이 없는 일
방적인 디지털 콘텐츠 노출은 언어 발달을 저해할 수 있다
고 한다.

넷째, 가정에 독서 친화적인 환경을 조성하는 것이 필요
하다. 거실 한 켠에 작은 책장을 마련하고, 매주 도서관에
가는 것을 가족 루틴으로 만드는 것도 좋다. 부모가 책을
읽는 모습을 자주 보여주는 것은 정말 중요하다. 책이 특별
한 것이 아닌 일상의 자연스러운 일부가 되도록 만드는 것
이 핵심이다. 교육학자들은 이러한 '문해력이 풍부한 환경'
이 아이의 자발적 독서 습관 형성에 결정적인 역할을 한다
고 설명한다.

# 언어가 만드는 생각의 지평
# : 비고츠키의 통찰

아이의 뇌는 마치 백지와 같다. 그러나 이 백지는 단순히 비어 있는 공간이 아니라, 무한한 가능성을 품은 캔버스다. 러시아의 심리학자 비고츠키는 이 캔버스를 채우는 가장 강력한 도구가 바로 '언어'라는 사실을 밝혀냈다. 그의 연구는 우리가 흔히 생각하는 타고난 능력이나 유전적 요인보다 사회적 경험, 특히 언어 경험이 사고 발달에 훨씬 더 결정적인 영향을 미친다는 것을 보여준다. 이는 마치 정원사가 어린 나무를 키우는 것과 같다. 씨앗의 유전적 특성도 중요하지만, 어떤 환경에서 어떻게 키우느냐가 나무의 성장을 더 크게 좌우하는 것이다.

비고츠키가 발견한 '근접발달영역'은 마치 아이들의 잠재력을 깨우는 마법의 공간과도 같다. 이는 아이가 혼자서 할 수 있는 수준과 성인의 도움으로 할 수 있는 수준 사이의 영역을 의미한다. 예를 들어, 다섯 살 아이가 '무지개'라는 단어만 알고 있을 때, 부모가 '홍색', '주황', '노랑' 등의 색채어를 자연스럽게 알려주면서 아이의 색채 인식과 표현 능력이 확장될 수 있는 것이다. 이처럼 부모나 교사의 언어적 비계scaffolding, 한단계 상승하기 위한 도움 발판는 아이의 언어 발달을 지원하는 핵심적인 역할을 한다.

어린 시기의 언어 경험은 뇌에 정교한 신경망을 구축하는 과정이다. 이는 마치 도시의 교통망과도 같아서, 다양한 언어 경험은 더 많은 길과 연결점을 만들어낸다. '기쁨'이라는 하나의 감정을 '즐거움', '행복', '희열', '환희' 등 다양한 단어로 표현할 수 있는 아이는, 자신의 감정을 더 섬세하게 인식하고 조절할 수 있게 된다. 이는 단순한 어휘력의 문제가 아니라, 정서지능의 토대를 형성하는 것이다.

비고스키가 강조한 내적 언어란 우리가 머릿속으로 생각

할 때 사용하는 자신만의 언어를 의미한다. 마치 혼잣말을 하듯 자신의 생각을 정리하고, 문제를 해결하며, 새로운 아이디어를 떠올릴 때 사용하는 마음속의 도구라고 할 수 있다. 아이들은 성장하면서 주변에서 접하는 다양한 언어 경험을 통해 이러한 내적 언어를 발달시킨다. 부모가 들려주는 이야기, 함께 나누는 대화, 그리고 책 읽기 활동은 아이의 내적 언어를 풍부하게 만드는 중요한 경험이 된다. 예를 들어, 동화책을 자주 읽어준 아이는 이야기 속 다양한 표현과 상황을 자신의 것으로 흡수하여 더 풍부한 사고를 할 수 있게 된다.

어린 시절에 형성된 내적 언어는 아이의 전반적인 사고 능력 발달에 큰 영향을 미친다. 내적 언어가 풍부한 아이는 자신의 생각을 더 명확하게 정리할 수 있고, 문제를 해결할 때도 다양한 방법을 떠올릴 수 있다. 또한 새로운 것을 배울 때도 기존의 지식과 연결 지어 더 깊이 있게 이해할 수 있다.

따라서 부모가 아이와 나누는 일상적인 대화, 책 읽기, 이야기 들려주기는 단순한 소통 이상의 의미를 지닌다. 이러한 활동들은 아이의 내적 언어를 발달시키는 소중한 기회가 되며, 이는 곧 아이의 사고력과 학습 능력을 키우는 토대가 된다. 특히 유아기의 풍부한 언어 경험은 이후 학습과 성장의 기반이 되는 내적 언어 발달에 매우 중요한 역할을 한다.

## 비고츠키가 우리에게 주는 실천 이야기

아이들의 언어 발달은 마치 하나의 교향곡과 같다. 바이올린, 첼로, 플루트가 어우러져 아름다운 선율을 만들어내듯, 일상의 대화, 책 읽기, 창의적 활동이 조화를 이루어 아이의 풍부한 언어 세계를 만들어낸다. 우리가 부모로서 이 아름다운 교향곡의 지휘자가 되어, 아이의 언어 발달을 이끄는 방법들을 함께 살펴보자.

먼저, 아이와의 일상적인 대화는 그 자체로 소중한 언어 학습의 순간이다. "오늘 어땠어?"라는 간단한 질문으로 시작된 대화가 "그때 네 마음은 어땠니?"로 이어질 때, 아이의 언어 세계는 더욱 깊어진다. 등하굣길의 짧은 대화, 잠들기 전의 따뜻한 이야기 나눔으로도 충분하다. 아이의 이야기에 귀 기울이고 함께 공감하는 순간, 아이의 언어 표현은 자연스럽게 풍성해진다.

책과 함께하는 시간은 새로운 언어의 세계로 떠나는 특별한 여행이 된다. "이 주인공이 너라면 어떻게 했을 것 같아?", "다음에는 어떤 일이 일어날까?" 이런 대화는 아이의 상상력과 언어 능력을 동시에 키워준다. 하루 15분의 책 읽기가 모여 아이의 언어 능력은 크게 성장하는 것이다. 그림책 속 다양한 표현들은 아이의 일상 속에서 살아있는 언어가 되어 다시 아이의 마음 속에서 피어날 것이다.

즐거운 놀이를 통한 언어 학습도 매우 효과적이다. 동시를 읽고 따라 만들어보거나, 재미있는 이야기를 이어가고, 역할놀이를 하는 등의 활동은 아이에게 언어를 즐겁게 경험하게 한다. 특히 형제자매나 친구들과 함께할 때, 이러한 언어 활동은 더욱 풍성해진다. 혼자 하는 경험도 좋지만, 다른 사람과 그 경험을 공유할 때 훨씬 더 과정과 결과에서 긍정적인 힘이 만들어진다.

일상의 작은 순간들이 모여 아이의 언어 능력을 키우는 소중한 자양분이 될 수 있다. 식사 시간에 나누는 대화, 장보기하며 물건의 이름과 특징을 말해보는 것, TV를 보며 등장인물의 마음을 이야기하는 것과 같은 일상적인 순간들이 모두 의미 있는 언어 학습의 기회가 되는 것이다.

부모가 제공하는 따뜻한 관심과 풍부한 언어 환경은 아이의 미래를 밝히는 가장 큰 선물이다. 우리의 작은 관심과 노력이 모여 아이의 언어 능력은 날마다 성장한다. 오늘부터 우리 아이와 함께 아름다운 언어의 교향곡을 만들어보는 것은 어떨까? 그 과정에서 우리는 아이가 자신만의 독특한 언어 세계를 만들어가는 놀라운 순간들을 만나게 될 것이다.

# 2장

디지털 환경과 뇌

# 뇌가 변한다
## : 영상의 뇌, 팝콘 브레인

우리의 뇌는 놀라운 능력을 가지고 있다. 마치 부드러운 점토처럼, 우리가 어떤 경험을 하느냐에 따라 그 모양이 달라진다. 신경과학자들은 이러한 특성을 '신경 가소성'이라고 부른다. 이는 우리의 뇌가 태어날 때부터 고정된 것이 아니라, 우리가 하는 경험과 활동에 따라 끊임없이 재구성된다는 것을 의미한다. 최신 뇌 영상 연구들은 우리가 새로운 기술을 배우거나 반복적인 활동을 할 때마다 뇌의 신경 회로가 실제로 변화한다는 것을 보여주고 있다.

이러한 뇌의 특성은 마치 양날의 검과 같다. 우리가 어떤 활동을 반복하느냐에 따라 뇌는 그에 맞춰 발달하기도 하고, 퇴화하기도 한다. 예를 들어, 독서를 통해 깊이 있는 사고를 자주 하는 사람의 뇌는 점차 분석적이고 비판적인 사

고에 능숙해진다. 마치 운동선수의 근육이 단련되듯, 생각
하는 힘이 점점 강화되는 것이다. 실제로 정기적으로 독서
를 하는 사람들의 뇌 스캔 결과를 보면, 언어 처리와 이해력
에 관련된 뇌 영역이 더 활성화되어 있다는 것을 확인할 수
있다.

  하지만 최근 디지털 시대의 정보 소비 방식은 우리 뇌에
새로운 도전을 안겨주고 있다. 신경과학자들은 이러한 현
상을 '팝콘 브레인'이라는 흥미로운 용어로 설명한다. 팝콘
이 순간적으로 터져 나오듯, 현대인의 뇌는 파편화된 정보
들을 빠르게, 그러나 피상적으로 소비하는 데 익숙해지고
있다는 것이다. 연구에 따르면, 스마트폰을 과도하게 사용
하는 사람들의 경우, 주의 집중력과 기억력이 현저히 저하
되는 현상이 관찰된다고 한다.

  이는 마치 옥수수로 팝콘을 만드는 장면과 유사하다. 팝
콘이 만들어지는 상황을 보면 각각의 알갱이가 톡톡 튀면

서 서로 독립적으로 만들어지는데, 이처럼 '팝콘 브레인'을 가진 사람들은 정보를 개별적인 조각들로만 받아들일 뿐, 이들을 의미 있게 연결하거나 깊이 있게 통합하는 데 어려움을 겪는다. 실제로 소셜 미디어를 자주 사용하는 사람들이 긴 글을 읽을 때 문맥을 파악하고 정보를 통합하는 능력이 상대적으로 떨어진다는 연구 결과가 보고되고 있다.

특히 우려되는 것은 이러한 현상이 어린이들에게 미치는 영향이다. 아직 뇌가 발달 중인 어린이들이 지속적으로 단편적이고 자극적인 디지털 콘텐츠에 노출된다면, 그들의 뇌는 깊이 있는 사고나 창의적 문제해결을 위해 필요한 신경회로가 제대로 발달하지 못할 수 있다. 최근 연구들은 어린 시절의 과도한 스크린 타임이 언어발달 지연, 주의력 결핍, 사회성 발달 저하와 관련이 있다는 점을 지적하고 있다.

예를 들어, 스마트폰으로 짧은 동영상을 보는 것에 익숙한 아이들은 점차 긴 이야기를 읽거나 복잡한 문제를 해결하는 데 어려움을 느낄 수 있다. 마치 달리기를 하지 않는 경우 다리 근육이 약해지듯, 깊이 있는 사고를 하지 않는 뇌도 그러한 능력을 잃어갈 수 있는 것이다. 교육 현장에서는 이미 이러한 변화가 감지되고 있다. 많은 교사들이 요즘 학생들의 집중력 저하와 깊이 있는 학습의 어려움을 보고하고 있는 것이 사실이다.

이는 단순히 우리가 정보를 어떻게 받아들이느냐의 문제를 넘어선다. 뇌의 구조적 변화는 우리의 사고방식, 학습능력, 더 나아가 인격 형성에까지 영향을 미칠 수 있다. 빠르고 피상적인 정보 처리에만 익숙해진 뇌는 공감능력이나 창의력 같은 고차원적인 인지기능을 발달시키는 데도 어려움을 겪을 수 있다. 신경과학 연구에 따르면, 깊이 있는 독서나 명상과 같은 활동은 공감능력과 관련된 뇌 영역을 활성화시키는 반면, 단편적인 정보 소비는 이러한 효과가 없다고 한다.

따라서 디지털 기기 사용에 대한 세심한 관리가 필요하

다. 특히 부모와 교육자들은 어린이들의 디지털 기기 사용 시간과 방식에 더욱 주의를 기울여야 한다. 디지털 기기 사용을 완전히 제한할 필요는 없지만, 깊이 있는 사고를 할 수 있는 기회도 충분히 제공해야 한다. 스웨덴 보건 당국은 2세 미만 영유아의 경우 스크린 타임을 완전히 피하고, 2~5세는 하루 1시간 이내로 제한할 것을 권고하고 있다.

　책 읽기, 글쓰기, 토론하기와 같은 전통적인 학습 활동은 여전히 중요하다. 이러한 활동들은 뇌가 정보를 깊이 있게 처리하고, 새로운 연결을 만들며, 창의적인 사고를 할 수 있도록 돕는다. 뇌 영상 연구들은 이러한 활동들이 전두엽과 측두엽의 발달을 촉진하며, 특히 추상적 사고와 감정 조절에 중요한 영역들을 활성화시킨다는 것을 보여주고 있다. 결국 우리의 목표는 디지털 시대의 편리함을 누리면서도, 깊이 있게 사고할 수 있는 능력을 잃지 않는 균형을 찾는 것일 것이다.

# 블루스크린에 물든 파란 두뇌

스마트폰을 든 아이들의 눈빛을 유심히 관찰해본 적이 있는가? 마치 푸른 빛에 홀린 듯 빠져드는 그 눈빛은 현대 사회를 살아가는 아이들의 모습을 상징적으로 보여준다. 얼핏 보면 우리나라 청소년들의 독서 현황은 매우 긍정적으로 보인다. 문화체육관광부의 최신 국민독서실태조사에 따르면, 우리나라 청소년들의 연간 독서율은 92.3% 정도로 높게 나타난다. 그러나 이 화려한 통계 속에 숨겨진 불편한 진실이 존재한다. OECD PISA 2019년 연구자료를 보면, 즐거움을 위한 책읽기, 즉 자발적 독서율 조사 항목에서 '전혀 책을 읽지 않는다' 반응의 비율인 OECD 평균인 31%보다 높은 39%로 확인된 바 있다.[29]

우리 아이들의 시간과 마음을 빼앗아가는 것은 다름 아닌 스마트폰이다. 정보통신정책연구원의 조사 결과에 따르면, 우리나라 청소년들은 하루 평균 2시간 41분을 스마트폰과 함께 보낸다.[30] 학교에서 보내는 시간을 제외할 때 스마트폰을 보는 시간이 상당히 많다는 것을 알 수 있다. 부모가 스마트폰 사용 제한을 하지 않는 청소년들의 경우 상대적으로 더 많은 시간을 스마트폰과 보낸다고 한다.

스마트폰과 우리 청소년들이 보내는 시간은 지속적으로 증가하고 있다는 것이 우려되는 점이다. 청소년 전문가들은 코로나19 팬데믹이 청소년들의 디지털 시간 및 중독 현상에 기름을 부은 사건이었으며, 이러한 변화는 아이들의 일상적 생활 패턴과 학습 활동에 부정적인 영향을 미치고 있다고 우려한다.

'디지털 네이티브'라 불리는 새로운 세대, 태어날 때부터 디지털 기기에 둘러싸여 자란 이 세대의 아이들에게 한 페이지씩 천천히 넘기며 읽어야 하는 책은 마치 흑백 TV를 보는 것처럼 지루하게 느껴질 수 있다. 실제로 하루 스마트폰 사용 시간이 거의 3시간에 가까운 우리 청소년들의 독서 생활은 마치 사막의 오아시스처럼 희박할 수밖에 없다. 반면 2023년 국민독서실태조사연구 결과를 보면, 하루 평균 독서 시간은 대략 82분이라고 한다. 독서시간보다 스마트폰과 보내는 시간이 거의 2배나 많다는 이야기다.

이러한 현상을 단순히 의지력의 문제로 치부할 수는 없다. 우리의 뇌는 진화 과정에서 즉각적인 보상을 선호하도록 설계되어 있다. 소셜미디어의 '좋아요', 게임의 '레벨업', 동영상의 끊임없는 자극은 뇌의 보상 중추를 자극하여 도파민이라는 행복 호르몬을 분비시킨다. 이는 마치 달콤한 디저트를 먹을 때처럼 즉각적인 만족감을 제공한다. 이러한 즉각적 보상 시스템은 아이들의 집중력과 인내심 발달에 부정적인 영향을 미칠 수 있다.

반면, 독서가 우리 뇌에 미치는 영향은 마치 정성스럽게 준비한 건강식과 같다. 책을 읽을 때 분비되는 세로토닌은 도파민과는 전혀 다른 방식으로 작용한다. 천천히, 그러나 깊이 있게 우리 뇌를 자극하여 지속적인 만족감과 성취감을 제공한다. 마치 맛있는 음식을 천천히 음미하며 먹을 때처럼 독서는 뇌에 깊은 영양분을 공급한다. 이러한 과정은 집중력 향상, 공감 능력 발달, 창의적 사고력 증진에 크게 기여한다.

디지털 기기가 제공하는 즉각적인 만족감의 달콤한 유혹 속에서 아이들이 독서를 통한 깊이 있는 사고의 즐거움을 발견할 수 있도록 돕는 것이 바로 부모와 교육자들의 중요한 과제다. 이는 단순히 과거의 향수나 전통적 가치를 고수하자는 것이 아니다. 오히려 미래 사회에서 더욱 빛을 발할 아이들의 진정한 경쟁력을 키우는 일이 될 것이다. 지금 필요한 것은 디지털과 아날로그의 조화로운 균형, 그리고 이를 통한 아이들의 건강한 뇌 발달과 학습 능력 향상이다. 이를 위해서는 디지털 뇌로부터 아날로그 뇌로의 균형 추이동이 필요한 시점이다.

# 디지털 폭풍 속 아이의 뇌를 구하라!

정보의 바다에서 표류하는 우리 아이들의 모습은 마치 베니스의 곤돌라처럼 목적지 없이 떠다니는 모습을 떠올리게 한다. 수많은 정보의 물결 속에서 아이들은 마치 곤돌라의 뱃사공이 노래하듯 무심히 스크롤을 내리고 있다. 스마트폰 하나로 세상의 모든 지식을 손바닥 안에서 휘저을 수 있는 시대, 아이들은 더 이상 두꺼운 책을 들춰가며 정보를 찾을 필요를 느끼지 않는다. 마치 패스트푸드점에서 즉석으로 음식을 주문하듯, 유튜브와 인터넷 검색창에 키워드 몇 개만 입력하면 원하는 정보가 순식간에 눈앞에 펼쳐지기 때문이다. 이러한 즉각적인 정보 접근은 편리해 보이지만, 아이들의 뇌 발달에는 심각한 위협이 될 수 있다.

전국의 중고등학생 3,000명을 대상으로 한 조사에서, 무려 75%가 넘는 학생들이 새로운 지식이 필요할 때 가장 먼저 유튜브나 SNS를 찾는다고 답했다.[31] 반면 '책을 통해 정보를 얻는다'고 응답한 학생들은 고작 12%에 불과했다. 이는 마치 깊은 바다에서 수영하기를 포기하고 물 위에 떠다니기만 하는 것과도 같은 현상이다. 더욱 우려되는 점은 이러한 현상이 단순한 학습 방식의 변화를 넘어, 아이들의 뇌 구조 자체를 변화시키고 있다는 것이다.

신경과학 연구 결과들은 이러한 디지털 시대의 학습 방식이 아이들의 뇌에 미치는 영향을 분명히 보여준다. 짧은 동영상과 파편화된 정보에 지속적으로 노출되는 것은 뇌의 주의집중 회로를 약화시키고, 깊이 있는 사고를 담당하는 전전두엽의 발달을 저해할 수 있다. 더욱 우려되는 것은 아이들이 이러한 단편적인 정보 습득에 만족하고 있다는 점이다. 3분짜리 동영상으로 역사적 사건을 이해했다고 생각하고, 한 줄짜리 요약글로 철학적 개념을 파악했다고 믿는다. 이는 마치 산의 정상만을 헬리콥터로 둘러보고 등산을 다녀왔다고 착각하는 것과 같다.

이러한 피상적인 학습 방식이 특히 위험한 이유는, 아이들의 뇌가 깊이 있는 사고와 복잡한 문제해결 능력을 발달시킬 기회를 잃어버리기 때문이다. 뇌과학자들은 독서가 우리 뇌의 여러 영역을 동시에 활성화시키는 '전뇌 운동'과 같다고 설명한다. 책을 읽을 때는 언어 영역, 시각 영역, 기억 영역, 추론 영역이 모두 협력하여 작동하며, 이는 마치 뇌에서 교향곡이 연주되는 것과 같은 복잡하고 아름다운 과정이다.

반면, 인터넷에서 얻은 단편적인 정보들은 마치 모래성과 같아서, 조금만 깊이 파고들어도 금방 무너져버린다. 실제로 뇌 영상 연구들은 디지털 기기를 통한 정보 습득이 주로 표면적인 정보 처리만을 담당하는 뇌 영역을 활성화시키는 반면, 깊이 있는 사고와 통찰을 담당하는 영역들은 상대적으로 비활성화된다는 것을 보여준다.

인공지능이 발달한 미래 사회에서는 단순한 정보의 습득

이나 암기보다는, 정보를 비판적으로 분석하고 창의적으로 재구성하는 능력이 더욱 중요해질 것이다. 이러한 능력은 스마트폰 화면을 빠르게 스크롤하는 것이 아니라, 책장을 한 장 한 장 넘기며 깊이 있게 사고하는 과정을 통해 길러질 수 있다. 마치 근육을 키우기 위해 꾸준한 운동이 필요하듯, 깊이 있는 사고력을 기르기 위해서는 독서를 통한 꾸준한 지적 훈련이 필요한 것이다.

## 책 읽기와 뇌의 발달
## : 전전두엽이 들려주는 이야기

인간의 뇌에서 가장 발달한 부위를 꼽으면 단연 전전두엽일 것이다. 이 특별한 영역은 우리 두뇌의 앞부분에 위치하며, 마치 지휘자처럼 우리의 사고 과정 전체를 조율하고 감독한다. 우리가 복잡한 문제를 해결하고, 창의적인 아이디어를 떠올리며, 깊이 있는 판단을 내릴 수 있는 것은 모두 이 전전두엽의 활약 덕분이다. 전전두엽은 인간을 다른 동물들과 구분 짓는 가장 중요한 뇌 영역으로, 우리의 고차원적 사고와 감정 조절, 의사결정 능력의 중추라고 할 수 있다.

특히 흥미로운 점은, 뇌 영상 촬영을 통해 독서가 전전두엽 발달에 미치는 놀라운 영향이 확인되었다는 것이다. 정기적으로 책을 읽는 사람들의 뇌를 관찰해보면, 전전두엽이 마치 잘 훈련된 오케스트라처럼 체계적이고 조화롭게 활동하는 것을 볼 수 있다. 반면, 주로 영상이나 인터넷으로 정보를 접하는 사람들의 전전두엽은 상대적으로 덜 활성화되어 있다. fMRI 연구 결과들은 독서 활동이 전전두엽의 여러 영역을 동시에 활성화시키며, 특히 추상적 사고와 공감 능력과 관련된 부위들의 활동이 현저히 증가한다는 것을 보여주고 있다.

이러한 차이가 발생하는 이유는 독서라는 활동의 특별한
성격에 있다. 책을 읽을 때 우리는 단순히 정보를 받아들이
는 것이 아니라, 적극적으로 의미를 만들어내는 창조적 활
동을 하게 된다.

예를 들어, 소설을 읽을 때 우리는 등장인물의 감정을 상
상하고, 사건의 인과관계를 파악하며, 이야기의 숨은 의미
를 찾아내려 노력한다. 이 과정에서 우리의 뇌는 작가가 제
시한 단서들을 바탕으로 하나의 완전한 세계를 구축해낸
다. 심지어 단순한 설명문을 읽을 때도, 우리는 새로운 정
보를 기존 지식과 연결하고, 그 의미를 재구성하는 복잡한
인지 활동을 수행한다. 이는 마치 퍼즐을 맞추는 것과 같은
정교한 정신 작업이다.

이러한 과정이 반복되면서 우리의 전전두엽은 점차 강화
된다. 마치 운동선수가 꾸준한 훈련으로 근육을 발달시키
듯, 독서를 통한 지속적인 사고 활동은 우리의 전전두엽을

더욱 체계적이고 효율적으로 작동하게 만든다. 이는 단순히 책의 내용을 이해하는 것을 넘어, 전반적인 사고력과 판단력의 향상으로 이어진다. 연구에 따르면 정기적인 독서 활동은 문제해결 능력, 의사결정 능력, 심지어 감정조절 능력까지 향상시킨다고 한다.

반면, 영상이나 인터넷을 통한 정보 습득은 상대적으로 수동적인 과정이다. 정보가 이미 가공되어 제시되기 때문에, 우리 뇌는 깊이 있는 사고 과정을 거치지 않아도 된다. 마치 씹지 않고 삼킬 수 있게 갈아 놓은 음식을 먹는 것처럼, 소화는 쉽지만 영양분의 흡수는 오히려 떨어질 수 있는 것이다. 뇌 과학자들은 이러한 수동적 정보 소비가 전전두엽의 '게으름'을 유발할 수 있다고 경고한다.

결국 문해력의 발달은 곧 전전두엽의 발달이며, 이는 더 나아가 인간다운 사고와 판단을 가능케 하는 토대가 된다. 디지털 시대에도 여전히 책 읽기가 중요한 이유가 바로 여

기에 있다. 우리는 단순히 정보를 습득하는 것을 넘어, 그
것을 깊이 있게 이해하고 활용할 수 있는 능력을 키워야 한
다. 이것이야말로 미래 사회에서 진정한 경쟁력이 될 것이
며, 인공지능 시대에 인간만이 가질 수 있는 고유한 능력이
될 것이다.

3부

# 어휘력과
# 사고력

# 1장

어휘력의
중요성

# 어휘력의 위기
## : 생각의 벽돌이 무너지고 있다

우리는 지금 사고의 근간이 흔들리는 시대를 살고 있다. EBS가 2021년에 실시한 전국 중3 대상 어휘력 평가에서 27%가 미달 수준(이중 11%는 초등학생 수준)으로 나타났다고 한다. 이 같은 청소년들의 어휘력 문제는 기초학력 저하 문제로 연결되어 나타나고 있다.

한국교육과정평가원이 발표한 국가수준 학업성취도 평가 결과를 보면, 고등학교 2학년 국어교과 기초학력 미달 비율이 2022년 7.5%, 2023년에는 8.6%로, 2017년 대비 약 2배 증가한 수치라고 한다. 이 추세는 최근 5년간 지속적으로 상승한 것이며, 교육계의 우려를 자아내고 있다.

또한 한림대학 연구에 따르면 2021년 2학기 대학생의 복

잡한 문장 이해 및 추론 능력 보유자 비율이 76.01%로 감소
했다고 한다. 이는 2020년 대비 13.46%p 하락한 수치이며,
장기적인 추세에서 학생들의 문해력의 지속적 감소가 관
찰되고 있음을 지적한다.[32] 이는 단순한 통계 수치를 넘어
우리 미래 세대의 사고력이 위태로워지고 있음을 경고하
는 중요한 적신호다.

어휘는 생각이라는 건축물을 이루는 벽돌과도 같다. 건
축가가 양질의 벽돌 없이 견고한 건물을 지을 수 없듯이, 인
간 또한 풍부한 어휘 없이는 깊이 있는 사고를 구축할 수 없
다. 어휘는 단순한 의사소통의 도구를 넘어 세상을 바라보
는 렌즈이자, 사고를 구성하는 기본 단위다.

'우울함', '울적함', '서글픔', 이 세 단어가 품은 미묘한 감
정의 결은 얼마나 다른가. 이러한 섬세한 어휘의 차이를 아
는 이는 자신의 내면을 더욱 정교하게 들여다볼 수 있다.

**비슷한 듯하지만 미묘한 감정의 결을 보여주는** 다양한 표현

'우울함', '울적함', '서글픔' …

**우울함:** 근심스럽거나 답답하여 활기가 없음

**울적함:** 마음이 답답하고 쓸쓸

**서글픔:** 쓸쓸하고 외로운 감정

'민주주의', '인권', '정의'와 같은 추상적 개념어를 이해하는 이는 사회 현상을 더욱 깊이 있게 해석할 수 있다.

**사회 현상을 깊이 있게 해석할 수 있는** 추상적 개념어

'민주주의', '인권', '정의' …

**민주주의:** 국민이 권력을 가지고 그 권력을 스스로 행사하는 제도 (정치 사상)

**인권:** 인간으로서 당연히 가지는 기본적 권리

**정의:** 진리에 맞는 올바른 도리

'포용', '관용', '공감'과 같은 가치 어휘들을 체득한 이는 타인과의 관계에서도 원숙한 태도를 보일 수 있다.

**인간관계와 태도에 영향을 주는 가치 어휘**

'포용', '관용', '공감' 등 …

**포용**: 남을 너그럽게 감싸주거나 받아들임

**관용**: 남의 잘못 따위를 너그럽게 받아들이거나 용서함

**공감**: 남의 감정, 의견, 주장 등에 대하여 자기도 그렇다고 느낌

그러나 디지털 시대의 언어 환경은 이러한 풍부한 어휘의 세계를 축소시키고 있다. 이모티콘과 축약된 언어가 정교한 표현을 대체하고, SNS의 제한된 글자 수는 복잡한 사고의 표현을 가로막는다. '졸잼', '꿀잼', '노잼'과 같은 단순화된 표현이 '흥미진진하다', '매력적이다', '지루하다' 등의 다채로운 표현을 밀어내고 있다. 이는 마치 풍부한 색채의 팔레트를 두고 검정과 흰색만을 고집하는 화가와도 같다.

어휘력의 쇠퇴는 학습 전반에 깊은 그림자를 드리운다. '용해'와 '융해'의 차이를 알지 못하는 학생이 어찌 물질의 상태 변화를 이해할 수 있겠는가.

---

용해·융해

**용해:** 고체가 액체에 녹아서 균일한 혼합물을 만드는 과정 (예) 설탕 + 물 ⇒ 설탕물

**융해:** 고체가 열을 받아 액체로 변화는 현상 (예) 얼음 + 열 ⇒ 물

---

'애수', '희망', '절망'의 의미를 모르는 이가 어떻게 문학 작품의 정서를 온전히 받아들일 수 있겠는가.

---

애수·희망·절망

**애수:** 마음을 서글프게 하는 슬픈 시름

**희망:** 어떤 일을 이루거나 하기를 바람

**절망:** 바라볼 것이 없게 되어 모든 희망을 끊어버림

---

이는 마치 반쪽짜리 지도로 낯선 땅을 탐험하려는 것과

다름없다. 특히 우려되는 것은 어휘력 저하가 비판적 사고 능력의 퇴보로 이어진다는 점이다. '견해'와 '사실', '추측'과 '증거'를 구분하지 못하는 세대가 인공지능 시대의 정보 홍수 속에서 어떻게 진실을 가려낼 수 있겠는가.

---

**견해·사실·추측·증거**

**견해:** 어떤 사물이나 현상에 대한 자기의 의견이나 생각

**사실:** 실제로 있었던 일이나 현재에 있는 일

**추측:** 미루어 생각하여 헤아림

**증거:** 어떤 사실을 증명할 수 있는 근거

---

이러한 위기를 극복하기 위해서는 체계적인 어휘력 교육이 필요하다. 이는 단순한 암기가 아닌, 맥락 속에서 자연스럽게 어휘를 습득하는 방식으로 이루어져야 한다. 독서는 이를 위한 가장 효과적인 도구다. 다양한 텍스트를 통해 새로운 단어를 만나고, 그 의미를 맥락 속에서 이해하며, 토론과 글쓰기를 통해 이를 자신의 것으로 만드는 과정이다.

우리의 사고는 결코 언어의 한계를 뛰어넘을 수 없다. 풍부한 어휘력은 단순한 지식의 축적이 아닌, 더 깊이 생각하고 더 정확하게 표현할 수 있는 능력의 문제다. 나아가 그것은 세상을 더 풍성하게 이해하고, 타인과 더 깊이 있게 소통할 수 있는 토대가 된다. 이것이 바로 우리가 어휘력의 위기에 주목하고, 적극적인 해결책을 모색해야 하는 이유다.

## 3,000만 단어의 격차, 우리 아이들의 미래를 가르는 보이지 않는 선

하트와 리슬리의 연구가 밝혀낸 충격적인 진실은 우리 사회의 가장 아픈 민낯을 보여준다. 만 3세 아동이 접하는 단어 수가 연간 3,000만 개까지 차이 난다는 사실은, 마치 한 아이는 무한한 가능성이 담긴 거대한 도서관에서, 다른

아이는 몇 권의 책만 있는 좁은 방에서 자라나는 것과 같은
현실을 보여준다.

이러한 격차는 단순한 수치를 넘어, 어휘의 다양성과 복잡
성에서도 깊은 간극을 만들어낸다. 마치 어떤 아이는 풍부
한 색채로, 또 어떤 아이는 흑백으로만 세상을 그리고 있는
듯한 안타까운 현실을 보여준다. 더욱 주목해야 할 점은 이
러한 격차가 단순한 수치의 차이를 넘어, 어휘의 다양성과
추상성 수준에서도 뚜렷한 간극을 만들어낸다는 것이다.

뇌과학 연구는 3~7세 사이의 어휘 습득이 이후의 학습 능
력 발달을 좌우하는 중요한 시기임을 보여준다. 이 시기의
격차는 시간이 흐를수록 더욱 깊어져, 학령기에 이르면 그
간극이 더욱 벌어진다. 마치 두 갈래 길이 점점 더 멀어지
듯, 풍부한 어휘력을 지닌 아이들은 새로운 개념을 더욱 쉽
게 받아들이고 이해한다. 예를 들어, '광합성'이라는 과학
개념을 배울 때 '합성', '에너지', '변환'과 같은 기초 어휘의

이해도는 새로운 지식의 습득 속도를 크게 좌우한다.

　실제로 초등학교 저학년 때의 어휘력 차이는 고학년이 되었을 때 심각한 학습 격차를 만들어낸다고 한다. 이는 어휘력에 따라 학생들이 마치 같은 교실에서 전혀 다른 학년의 수업을 듣는 것과 같은 상황을 초래한다는 것이다. 독서를 즐기는 학생이 하루 평균 20~30개의 새로운 단어를 자연스럽게 습득하는 반면, 그렇지 못한 학생은 2~3개의 새로운 단어만을 접하게 된다는 연구 결과는, 이러한 격차가 시간이 갈수록 더욱 커질 수밖에 없음을 보여준다. 또한 상위 10% 어휘력을 가진 학생이 하위 10% 어휘력을 가진 학생보다 학업에서 성공할 확률이 3.4배나 높다고 한다.[33]

　다문화 가정 아동들의 현실은 더욱 우리의 마음을 무겁게 한다. 초등학교에 입학하는 다문화가정 아동의 약 30%가 어휘 수준에 있어 또래보다 1년 정도 뒤처진다는 조사 결과는 마치 달리기 경주에서 이미 뒤처진 채로 시작하는 것과 같은 불공정한 현실을 드러낸다. 언어발달 지연을 겪는 다문화 가정 아동들의 경우, 이러한 격차는 단순한 학업 성취의 문제를 넘어 또래관계와 자아존중감에까지 깊은 상처를 남길 수 있다.

　신경과학의 발견은 이 문제의 심각성을 더욱 선명하게 보여준다. 영유아기(0~5세)의 뇌는 마치 젖은 시멘트와 같아서, 이 시기의 언어 경험은 평생의 발자국으로 남는다. 풍부한 언어 자극은 뇌의 시냅스 연결을 강화하고 언어처리 능력을 발달시키지만, 부족한 자극은 이후의 노력으로도 완전히 메우기 어려운 깊은 계곡을 만들어낸다.

　뇌과학 연구들은 조기 언어 환경이 아동의 뇌 발달에 미치는 중요한 영향을 보여준다. 로메오와 동료들(2018)의 연구에 따르면, 풍부한 대화적 상호작용을 경험한 아동들은 언어 처리와 관련된 뇌 영역에서 더 강한 활성화를 보였다.[34] 특히 부모-자녀 간의 상호작용적 대화의 빈도가 높을수록, 표현 언어능력을 담당하는 브로카 영역에서의 활성화가 더 두드러지게 나타났다고 한다.

　이러한 발견은 허튼과 동료들(2015)의 연구를 통해서도 뒷받침된다. 이들은 취학 전 아동들을 대상으로 한 연구에서, 가정에서의 독서 환경이 이야기를 듣는 동안의 뇌 활성화 패턴과 밀접한 관련이 있음을 발견했다. 특히, 규칙적인 책 읽기 활동에 노출된 아동들의 경우, 의미 이해와 관련된 좌측 후측두피질left posterior temporal cortex 영역에서 더 높은 활성화를 보였다고 한다.[35]

　어휘력의 차이는 단순히 말을 잘하고 못하는 문제가 아니다. 그것은 우리 아이들이 새로운 것을 얼마나 깊이 있게 이해하고 배울 수 있는지를 결정하는 매우 중요한 열쇠다. 기초 어휘력이 부족한 아이들은 마치 퍼즐 조각이 여러 개 빠진 퍼즐을 맞추려고 하는 것처럼 답답함을 느끼게 된다. 반면에 기초 어휘력이 튼튼한 아이들은 새로운 개념을 배울 때마다 마치 레고 블록을 하나씩 쌓아가듯 자신만의 지식을 차근차근 쌓아갈 수 있을 것이다.

# 감정을 잃어가는 아이들
# : 어휘력이 결정하는 마음의 크기

어휘력의 부족이 만드는 상처는 성적표의 숫자나 학업 성취도의 차이를 훨씬 넘어선다. 그것은 아이들의 내면세계, 감정표현, 그리고 대인관계의 질을 좌우하는 보이지 않는 장벽이 되어 그들의 삶 전반에 깊은 그림자를 드리운다.

단순히 '짜증난다'라는 제한된 어휘만을 알고 있는 아이는 자신의 복잡한 감정을 제대로 표현하지 못한 채, 그 안에 갇혀 있을 수밖에 없다. 반면 '답답하다', '실망스럽다', '불안하다', '허탈하다', '서운하다'와 같은 다양한 감정 어휘를 자유자재로 구사할 수 있는 아이는 자신의 감정 상태를 더 섬세하게 인식하고 표현할 수 있다.

이러한 감정 어휘의 차이는 단순한 언어 표현의 풍부함을 넘어서는 의미를 지닌다. 자신의 감정을 정확하게 표현할 수 있는 능력은 정서지능의 핵심 요소이며, 이는 대인관계의 질과 심리적 안녕감에 직접적인 영향을 미친다. 예를 들어, 친구와의 갈등 상황에서 '화난다'라는 단순한 표현만을 사용할 수 있는 아이와, '서운하다', '속상하다', '당황스럽다'와 같은 다양한 감정을 표현할 수 있는 아이 사이에는 문제해결 방식에서 큰 차이가 나타날 수 있다.

더욱 우려되는 점은 이러한 감정표현의 제한이 타인의 감정을 이해하고 공감하는 능력의 제한으로도 이어진다는 것이다. 다양한 감정 어휘를 알지 못하는 아이는 타인의 미묘한 감정 상태를 이해하고 그에 적절히 반응하는 데도 어려움을 겪을 수 있다. 이는 마치 흑백 필터로만 세상을 보는 것과 같다. 타인의 다채로운 감정의 스펙트럼을 제대로 인식하지 못한 채, 단순화된 이분법적 감정 상태로만 세상을 바라보게 되는 것이다.

　가정에서의 풍부한 언어 환경은 이러한 격차를 줄이는 가장 효과적인 해결책이 될 수 있다. '대화식 책 읽기'는 그 대표적인 예시다. "토끼가 왜 그렇게 했을까?", "네가 토끼라면 어떻게 했을까?", "토끼의 기분이 어땠을 것 같니?"와 같은 감정에 초점을 맞춘 질문들을 통해, 아이들은 단순한 이야기 이해를 넘어 깊이 있는 정서적 공감과 표현의 세계로 나아갈 수 있다.

　어휘력의 격차는 단순한 교육 불평등의 문제를 넘어, 우리 사회의 정서적 건강성과 직결되는 중대한 과제다. 모든 아이가 자신의 감정을 충분히 인식하고 표현하며, 타인과 깊이 있게 소통하고, 세상을 풍부하게 이해할 수 있는 기회를 가져야 한다.

이것은 특정 계층이나 가정의 문제가 아닌, 우리 사회 전체가 함께 고민하고 해결해야 할 과제다. 아이들의 건강한 정서 발달과 인격 형성을 위해, 그리고 더 나아가 우리 사회의 정서적 성숙도와 소통의 질을 높이기 위해, 이러한 언어적 격차의 해소는 더 이상 미룰 수 없는 과제가 되고 있다.

# 2장

어휘와 학습

# 어휘력의 마법
## : 학습 성공의 황금 열쇠를 찾다

최근의 교육 연구들은 우리에게 놀라운 진실을 들려준다. 마치 견고한 기초가 없이는 어떤 건물도 지을 수 없듯, 모든 학습의 근간에는 탄탄한 어휘력이 자리잡고 있다는 것이다. 미국에서 개인적으로 수행한 연구 프로젝트에서 학업성취를 예측하는 다양한 지표들 중에 가장 강력한 예측 지표는 바로 교과 관련 어휘의 이해도였다. 이는 어휘력이 단순한 언어 능력을 넘어 학습 성공의 핵심 열쇠임을 보여주는 것이다.

실제 교육 현장의 교사들의 목소리는 이러한 결과를 더욱 선명하게 뒷받침한다. 어려운 과학 개념도 기본 용어를 쉽게 풀어 설명하면 아이들의 이해도가 눈에 띄게 향상되지만, 기초 용어의 이해가 부족한 학생들은 아무리 자세한 설명을 들어도 따라오기 힘들다는 것이다. 특히 논리적 사고력이 부족해 보이는 학생들, 기초학력에 어려움을 경험하고 있는 학생들의 대부분이 기초 용어의 이해가 부족한 경우였다는 것이 현장 교사들의 공통된 이야기이다.

또한 취학 전 필수 어휘 습득이 부족한 아동들은 초등학교 입학 후 심각한 학습 어려움을 겪을 가능성이 매우 높다. 이는 마치 작은 눈덩이가 산을 굴러가며 거대한 덩어리로 불어나듯, 초기의 작은 어휘력 격차가 시간이 흐를수록 전반적인 학습 격차로 확대될 가능성이 높다는 이야기다. 이러한 결과들은 자녀의 어휘 발달 상태를 주의 깊게 관찰해야 할 필요성을 강조한다. 동화책의 기본 단어를 이해하지 못하거나, 일상적 지시를 자주 혼란스러워하거나, 자신의 의사나 감정 표현에 어려움을 겪는 경우는 중요한 경고 신호로 받아들여야 한다.

다행히도 어휘력은 적절한 관심과 노력으로 충분히 향상

될 수 있다. 연구들은 규칙적인 독서와 풍부한 언어적 상호 작용이 가장 효과적인 방법임을 보여준다. 저녁 식사 시간의 깊이 있는 대화, 새로운 단어의 자연스러운 사용과 설명, 책 읽기 후의 토론, 같은 책의 반복 읽기를 통한 새로운 개념 익히기 등이 효과적인 방법들이다. 특히 초등학교 저학년까지는 의도적인 어휘 학습보다 자연스러운 언어 노출과 사용이 더 효과적이라는 점에 주목할 필요가 있다. 단순한 단어장 암기보다는 풍부한 대화와 독서 환경을 제공하는 것이 더욱 바람직하다. 학교 학습과 관련하여서는 각 교과의 중요 용어들을 일상생활과 연결 지어 설명하고, 과목별 핵심 단어장을 만들며, 배운 개념을 자신의 언어로 재구성해보는 활동도 매우 효과적이다.

어휘력은 마치 열쇠와 같다. 그것은 단순한 언어 능력을 넘어, 모든 학습의 문을 여는 황금 열쇠다. 우리 아이들의 성공적인 학교생활과 밝은 미래를 위해서는, 이 귀중한 열쇠를 잘 갈고 닦아주는 체계적인 관심과 지원이 필요하다. 마

치 튼튼한 뿌리가 있어야 나무가 건강하게 자라나듯, 풍부
한 어휘력은 모든 학습의 기초가 되는 핵심 역량인 것이다.


## 문해력의 마법
## : 한 단어가 열어주는 새로운 세상


우리는 흔히 '어휘력'을 단순히 많은 단어를 아는 것으로
생각하지만, 그것은 마치 만화경과도 같다. 만화경을 돌릴
때마다 새로운 세상이 펼쳐지듯, 하나의 단어를 알게 될 때
마다 세상을 바라보는 우리의 시야는 더욱 풍성해진다. 특
히 성장기 아이들에게 어휘력은 단순한 말의 도구를 넘어,
자신의 내면을 표현하고 타인의 마음을 이해하며 세상의
복잡한 지식을 받아들이는 마법의 열쇠가 된다.

홍미로운 실험 하나를 통해 어휘의 놀라운 힘을 실감해보자. 다음 글을 읽고 '무엇'에 대한 내용인지 이해할 수 있도록 최선을 다해보자.

일의 처리 절차는 실제로 매우 단순합니다.

먼저 여러 물건들을 그룹으로 분류합니다. 때로는 모든 일을 한 번에 처리할 수도 있습니다만, 너무 많은 물건들을 일시에 처리하는 것은 문제가 있을 수 있습니다. 즉, 적은 양을 처리하는 것이 많은 양을 처리하는 것보다 낫다고 할 수 있습니다.

물건을 처리하는 과정에서 발생하는 실수는 큰 대가를 치를 수 있습니다. 처음에 이 작업을 시작할 때, 대상 물건들의 처리 절차가 복잡해 보일 수 있습니다. 그러나 몇 가지 조작을 통해 작업을 간단히 마칠 수 있습니다.

작업이 완료된 후에는 물건들을 다시 분류하여 적절
한 장소에 배치해야 합니다. 결국 이 물건들은 다시
사용될 것이며, 전체 절차를 반복해야 할 것입니다.
번거롭더라도, 이 역시 인생의 일부입니다.

Q. '무엇'에 대한 내용일까?

이 이야기를 읽고 무슨 내용인지 구체적으로 파악하기가
쉽지 않았을 것이다. 단순한 글이지만 왜 이해가 잘 되지
않는 것일까?

이번에는 '세탁기'라는 어휘를 염두해두고 앞의 글을 다
시 읽어보도록 하자.

'세탁기'라는 어휘를 생각하면서 앞의 글을 다시 읽어보
면 처음 읽었을 때와 글의 내용 이해에 있어 큰 차이를 느낄
것이다. "번거롭더라도, 이 역시 인생의 일부입니다"라는

마지막 문장은 이제 더욱 분명하게 무슨 의미인지 파악할
수 있을 것이다.

'세탁기를 이용한 빨래하기'라는 맥락을 이해한 지금, "번
거롭더라도, 이 역시 인생의 일부입니다"라는 문장은 단순
한 집안일에 대한 한숨이 아닌, 삶의 일상적 순환이 가진 의
미를 표현한다는 것을 알 수 있을 것이다.

디지털 혁신 시대를 살아가는 우리 학생들에게 풍부한
어휘력은 그 어느 때보다 필수적이다. AI 도구와 대화를 나
누거나 디지털 공간의 방대한 자료를 파악할 때도, 정확한
단어의 이해는 핵심적이다. 예를 들어, AI 시스템에게 "요
리 레시피를 검색해줘"라고 요청하는 것과 "음식 만드는 방
법을 찾아줘"라고 하는 것은 전혀 다른 결과를 초래할 수 있
다. '요리 레시피'는 정확한 계량과 조리 단계가 담긴 전문
적인 정보를 얻게 해주지만, '음식 만드는 방법'이라는 모호
한 표현은 비전문적이거나 부정확한 정보로 이어질 수 있

다. 이처럼 명확한 단어의 선택이 AI와의 의사소통에서도
관건이 되는 것이다.

　어휘력의 차이는 아이들의 학습 전반에 지대한 영향을
미친다. 예를 들어, 수학 시간에 '분수'를 배울 때, '나누다'라
는 기본 단어의 의미를 정확히 아는 아이는 분수의 개념을
더 쉽게 이해할 수 있다. 또한 사회 시간에 '민주주의'를 배
울 때도 '민'(국민)과 '주'(주인)의 의미를 아는 아이는 이 제
도의 본질을 더 깊이 이해할 수 있다.

　이는 마치 피아노를 배우는 것과 같다. '도레미파솔라시
도'라는 기본 음계를 확실히 알아야 아름다운 곡을 연주할
수 있듯이, 기초 어휘라는 기본 음계가 탄탄해야 더 복잡한
지식의 멜로디도 아름답게 연주할 수 있는 것이다. 체육 시
간에 농구를 배울 때도 '드리블', '패스', '슛'과 같은 기본 용
어의 의미를 알아야 다양한 전술과 기술을 습득할 수 있는
것과 같은 이치라고 할 수 있다. 이처럼 어휘력은 단순한

단어의 암기가 아닌, 모든 학습의 기초가 되는 도구이자 열
쇠라고 할 수 있다.

어휘력은 우리가 세상을 더 선명하게 보고, 더 깊이 이해
하며, 더 풍부하게 표현할 수 있게 하는 마법의 도구다. 한
단어, 한 단어가 모여 우리의 사고를 넓히고, 감정을 깊게
하며, 세상을 더 풍요롭게 만드는 것이다. 그래서 어휘력은
단순한 학습의 영역을 넘어, 우리 아이들의 미래를 여는 황
금 열쇠가 되는 것이다.

## 초기 어휘력 문제로 시작하는 학습격차

디지털 기술이 일상이 된 시대, 우리 아이들의 문해력이
심각한 위기를 맞고 있다. 2022년 EBS$^{한국교육방송}$가 실시한

중학교 3학년 대상 문해력 평가 결과는 이러한 현실을 수치로 입증했다. 충격적이게도 전체 학생의 약 40%가 중학교 3학년에게 요구되는 어휘력 수준에 도달하지 못했다고 한다. 더욱 우려되는 점은 이들 중 11%가 초등학교 수준의 어휘력을 가지고 있다는 사실이다. 즉, 10명 중 1명은 중학교 교과서를 이해하기 어려운 수준인 것이다. 이는 마치 고등학교 입학을 앞둔 학생이 초등학교 교과서 수준의 글읽기 능력을 가지고 있는 것과 같다.

초기의 작은 문해력 격차는 마치 눈덩이처럼 불어나 심각한 교육 격차를 만들어낸다. 역사 교과서를 읽지 못하는 학생은 역사를 이해할 수 없고, 수학 문제를 제대로 읽지 못하는 학생은 문제해결의 첫 단계조차 시작할 수 없다. 모든 학습의 기초가 되는 문해력의 부족은 결국 전반적인 학습 능력의 저하로 이어지는 것이다. 교육전문가들은 문해력은 학습을 위한 기본 도구이며, 이 도구가 제대로 갖춰지지 않으면 어떤 과목도 제대로 학습할 수 없다고 경고한다.

수학교육 전문가들은 요즘 학생들은 문제의 답은 맞히지만, 왜 그런 답이 나왔는지 설명하지 못하는 경우가 많다고 지적한다.

"선생님, 수학 공식은 다 외웠는데 문장제만 나오면 머리가 하얘져요."

이 한마디 속에는 현대 교육이 직면한 근본적인 과제가 담겨 있다. 특히 인공지능 시대를 살아갈 우리 아이들에게 진정 필요한 것은 단순 암기나 기계적 계산이 아닌, 문제를 정확히 이해하고 해석하는 능력이다.

다음 문제를 같이 살펴보자.

철수가 걸어서 시속 6km로 학교에 가면 10분 지각하고,
자전거로 시속 15km로 가면 30분 일찍 도착한다.
집과 학교 사이의 거리는 몇 km인가?

이 문제를 처음 접한 많은 학생들은 시작점을 찾지 못한다. 숫자들은 보이지만, 이 숫자들을 어떻게 연결하고 활용해야 할지 판단하지 못하는 것이다. 이는 단순히 수학적 능력의 부족이 아닌, 문해력의 문제를 보여주는 단적인 예시다.

한 고등학교 수학 교사의 흥미로운 실험은 이 현상을 더욱 명확하게 보여준다. 동일한 내용을 두 가지 방식으로 제시했을 때, 학생들의 반응은 극명하게 갈렸다.

첫 번째는 위와 같은 문장제였고, 두 번째는 다음과 같은 방정식이었다.

$$x \div 6 = (t + 1/6)\text{시간}, x \div 15 = (t - 1/2)\text{시간일 때},$$
$$x\text{의 값을 구하시오.}$$

주목할 만한 점은 방정식 형태로 제시했을 때의 정답률이 현저히 높았다는 사실이다. 이는 마치 외국어로 된 글을 읽

을 때의 경험과 유사하다. 개별 단어는 이해하지만, 전체 문
맥을 파악하지 못해 의미 전달에 실패하는 것처럼 말이다.

수학교육 전문가는 이 현상의 핵심을 '해석력'에서 찾는
다. 일상 언어로 된 상황을 수학적 언어로 번역하는 과정이
필요한데, 이것이 바로 문해력과 직결된다는 것이다. 마치
한국어를 영어로 번역하는 것처럼, 문장을 수식으로 바꾸
는 능력이 요구된다.

학생들의 표현력 부족 현상은 여러 교과에서 공통적으로
발견된다. 특히 과학 수업의 실험 보고서 작성에서 이러한
문제가 두드러지게 나타난다. 교사가 "관찰한 내용을 자세
히 기록하시오"라는 과제를 제시할 때, 많은 학생들은 "색
깔에 변화가 있었다"와 같이 막연한 답변을 하곤 한다.

관찰 내용을 자세히 기록하려면 학생들은 시험관 속 용
액의 색깔이라는 변화의 대상을 밝히고, 투명했던 용액이

점차 파란색으로 변했다는 변화의 과정을 설명하며, 요오드 용액과의 반응이라는 변화의 원인을 함께 서술해야 한다. 하지만 대부분의 학생들은 이러한 구체적인 관찰 내용을 표현하지 못하고 있으며, 이는 정확한 표현력의 부족을 단적으로 보여주는 사례다.

사회 과목에서도 유사한 문제가 발견된다. "조선 시대 신분제도의 특징을 서술하시오"라는 문제에 많은 학생들이 "양반, 중인, 상민, 천민이 있었다"는 단순 나열로 답하는 경우가 흔하다고 한다. 이는 각 신분의 특징과 차이점, 사회적 의미 등을 종합적으로 분석하라는 문제의 진정한 의도를 파악하지 못한 결과다.

이러한 현상이 주는 교훈은 분명하다. 기초가 강한 공부는 단순한 지식의 습득이나 암기를 넘어, 상황을 깊이 있게 이해하고 논리적으로 설명할 수 있는 능력을 키우는 데 초점을 맞춰야 한다. 즉, 모든 교과의 기초가 되는 문해력은 단순한 읽기 능력이 아닌, 깊이 있는 이해와 분석, 그리고 명확한 표현 능력을 포함하는 종합적인 역량이어야 하는 것이다.

4부

# 효과적인
# 읽기 방법

# 1장

깊이 있는 읽기

# 인지적 마찰과 깊이 읽기

문해력은 단순히 글자를 읽고 이해하는 능력을 넘어서는 복합적인 인지 활동이다. 그것은 마치 깊은 대화를 나누는 것과 같다. 텍스트의 각 문장, 각 단락과 진지한 대화를 나누며, 그 속에 담긴 의미를 찾아가는 여정인 것이다. 현대 사회에서는 빠른 정보 습득과 효율성을 강조하지만, 텍스트와의 깊은 대화 과정에서 발생하는 '인지적 마찰'cognitive conflict은 오히려 우리의 사고를 더욱 깊고 풍부하게 만드는 촉매제가 된다.

이러한 인지적 마찰의 가치는 우리 아이들의 미래를 위해 매우 중요하다. 텍스트의 난해한 부분을 만났을 때, 우리의 뇌는 적극적으로 활성화된다. 마치 운동할 때 근육에 적절한 자극이 필요한 것처럼, 우리의 뇌도 이러한 도전적 상황에서 가장 활발하게 발달한다. 글의 맥락을 파악하고,

숨겨진 의미를 해석하며, 자신의 경험과 지식을 연결하는 과정은 그 자체로 귀중한 학습 경험이 된다. 이러한 과정을 통해 아이들은 단순한 정보 습득을 넘어 진정한 의미의 구성자가 될 수 있다.

신경과학 연구 결과는 이러한 깊이 있는 읽기의 중요성을 과학적으로 입증하고 있다. 최근 연구에 따르면, 깊이 있는 독서 활동 중에는 전전두엽의 활성화가 현저히 증가하며, 이는 단순한 생리학적 현상이 아니다. 이는 우리의 뇌가 더 복잡하고 창의적인 사고를 할 수 있는 능력을 발달시키고 있다는 증거다. 특히 성장기 아이들의 경우, 이러한 뇌의 활성화는 인지발달에 결정적인 영향을 미친다. 반면, 요약본이나 짧은 글만을 접하는 경우, 이러한 인지발달의 기회를 잃게 된다.

이는 마치 여행에 비유할 수 있다. 패키지 여행을 선택하는 것이 분명 안전하고 편리하다. 하지만 그렇게 하면 길을 찾아보고, 현지인과 소통하고, 예상치 못한 상황을 해결하면서 얻게 되는 특별한 경험과 성장의 기회를 놓치게 된다. 관광지를 방문하는 것만이 여행의 목적이 아니듯, 독서도 단순히 정보를 얻는 것이 전부가 아니다. 낯선 길에서 새로운 발견을 하고, 예상치 못한 만남을 통해 시야를 넓히듯, 책 속에서 새로운 관점을 발견하고 사고의 지평을 넓혀가는 여정 자체가 독서의 진정한 의미가 되는 것이다.

이러한 맥락에서 볼 때, 현대 사회의 '효율성 지상주의'는 재고될 필요가 있다. 물론 빠른 정보 처리와 효율적인 학습이 중요한 시대다. 하지만 그것이 깊이 있는 사고와 이해를 희생하면서까지 추구되어야 할 가치일까? 요약과 압축이 주는 편리함의 이면에는, 우리의 인지적 발달을 저해할 수 있는 심각한 위험이 도사리고 있다. 특히 인공지능이 발달하는 미래 사회에서는 단순한 정보 처리보다 깊이 있는 사고력과 창의성이 더욱 중요해질 것이다.

우리는 지금 중요한 선택의 기로에 서 있다. 편의성과 즉각성만을 좇을 것인가, 아니면 진정한 이해와 성장을 위한 시간과 노력을 투자할 것인가? 이 질문에 대한 우리의 답변이, 미래 세대의 지적 역량을 결정짓게 될 것이다. 진정한 문해력의 발달은 단기간에 이루어질 수 없다. 하지만 그만큼 그 가치는 깊고 오래 지속된다. 우리 아이들이 텍스트와의 진정한 대화를 통해 더 깊이 있는 사고와 풍부한 지적 경험을 할 수 있도록, 지금 우리의 관심과 노력이 필요한 때이다.

## 처리수준이론의 관점에서 본 깊이 읽기

인지심리학에서는 '처리수준이론'depth of processing theory을 통해 우리가 정보를 어떻게 받아들이고 기억하는지 설명한다. 이는 마치 정원을 가꾸는 것과도 같다. 표면적으로 흙을 살짝 긁는 것에서부터, 깊이 파서 씨앗을 심고 물을 주며 정성껏 돌보는 것까지, 우리가 들이는 노력의 깊이에 따라 결과물이 달라지는 것처럼 말이다. 최근 뇌과학 연구에 따르면, 깊이 있는 처리 과정에서는 뇌의 여러 영역이 동시에 활성화되며, 이는 더 견고한 신경망 형성으로 이어진다고 한다.

　가장 기본적인 단계인 표면적 처리는 단순히 글자의 모양을 보는 것이다. 아이들이 스마트폰으로 빠르게 스크롤하며 지나가는 수많은 정보들을 스쳐 지나가듯 보는 것이 여기에 해당한다. 이러한 표면적 읽기는 현대 사회에서 가장 흔한 정보 소비 방식이지만, 진정한 이해와 학습으로 이어지기는 어렵다.

　그다음 단계인 음성적 처리는 소리 내어 읽는 것으로, 입으로 소리 내어 읽으면서 뇌에 더 깊은 흔적을 남기게 된다. 연구에 따르면, 소리 내어 읽기는 특히 어린 아이들의 언어 발달과 읽기 이해력 향상에 큰 도움이 된다고 한다.

더 깊은 수준인 의미적 처리는 내용을 진정으로 이해하고 그 의미를 파악하는 단계다. 이는 마치 퍼즐을 맞추듯 새로운 정보를 기존 지식과 연결하고, 전체 그림 속에서 각 조각의 의미를 이해하는 과정이다.

예를 들어, 역사적 사건을 학습할 때 단순히 사실을 암기하는 것이 아니라, 당시의 사회적 배경을 이해하고 현대와의 연관성을 찾아보는 것이 여기에 해당한다. 그리고 마지막 단계인 생성적 처리는 가장 깊은 수준의 학습으로, 배운 내용을 자신만의 언어로 재구성하고 새로운 맥락에서 활용하는 것을 말한다. 이는 진정한 문해력의 정점이라 할 수 있다.

이러한 과정은 마치 여행의 경험과도 비슷하다. 인터넷에서 여행지 사진을 훑어보는 것은 표면적 처리에 불과하지만, 실제로 그곳에 가서 현지의 공기를 마시고, 골목길을 걸으며, 현지인들과 대화를 나누는 것은 훨씬 더 깊은 차원의 경험을 제공한다. 이렇게 직접 체험하고 느끼며 얻은 기억은 오래도록 선명하게 남는다. 문해력도 마찬가지다. 텍스트와 진정한 대화를 나누고, 그 속에 담긴 의미를 자신의 경험과 연결 지으며, 새로운 통찰을 발견할 때 진정한 이해가 이루어진다.


## 깊이 읽기, 지식착각을 넘어서는 힘

현대 교육의 가장 큰 위험은 단순한 무지가 아니다. 오히려 알고 있다고 착각하는 것, 즉 '지식착각'이 더 큰 위험이 될 수 있다. 특히 스마트폰으로 모든 정보를 즉시 찾아볼 수 있는 디지털 시대에, 우리 아이들은 진정한 이해와 학습이라는 귀중한 기회를 놓치고 있는지도 모른다. 이러한 지식 착각은 단순한 교육의 문제를 넘어, 미래 세대의 지적 역량 발달에 심각한 걸림돌이 될 수 있다.

마치 무전기로 대화하는 것처럼, 현대의 아이들은 인터넷과 끊임없이 소통한다. 하지만 이러한 소통이 얼마나 깊이 있는 것일까? 요리 유튜브를 보며 "나도 할 수 있겠는데?"라고 생각했다가 실제 주방에서 당황하게 되는 것처럼, 화면 속 정보의 홍수 속에서 우리 아이들은 '이해했다'는 착각에 빠지기 쉽다. 이는 마치 수영을 배울 때 영상만 보고 '할 수 있다'라고 생각하는 것과 같다. 진정한 이해와 학습은 실제 물에 들어가 체험하고 연습하는 과정을 통해서만 가능하다.

예를 들어, 한 학생이 유튜브에서 '지구 온난화' 관련 영상을 시청했다고 가정해 보자. 멋진 그래픽과 명쾌한 설명으로 가득한 10분짜리 영상을 본 후, 아이는 자신이 이 주제를 완벽히 이해했다고 생각할 수 있다. 하지만 "지구 온난화가 북극곰에게 미치는 영향을 설명해줄래?"라는 질문을 받았을 때, 대부분의 아이들은 영상에서 본 내용을 단편적으로 나열하는 데 그치고 만다. 더 깊이 있는 질문, 예를 들어 "우리 지역의 기후 변화는 어떤 영향을 받고 있을까?" 또는 "이를 해결하기 위해 우리가 할 수 있는 일은 무엇일까?"와 같은 질문에는 더욱 답하기 어려워한다.

잘 만들어진 영상 콘텐츠는 마치 롤러코스터를 타는 것처럼 부드럽게 정보를 전달한다. 하지만 진정한 이해는 롤러코스터를 타는 것이 아니라, 직접 자전거를 타고 언덕을 오르는 것과 같다. 조금 힘들고 시간이 더 걸리지만, 그 과정에서 얻는 경험과 깨달음은 비교할 수 없이 값지다. 그러나 많은 학습자들은 영상의 부드러운 정보 전달 방식 때문에 자신이 내용을 완벽히 이해했다고 착각하게 된다.

이것이 바로 영상이 유발하는 '유창성 착각'의 전형적인 예다. 유창성 착각은 학습자가 자신의 이해도나 능력을 실제보다 과대평가하는 현상을 말한다. 특히 영상 학습에서 내용이 시청각적으로 매끄럽게 전달되거나 쉽게 이해되는 것처럼 느낄 때 자주 발생한다.

예를 들어, 교육 영상을 보면서 '다 알고 있다'고 생각했지만, 막상 영상을 멈추고 배운 내용을 적용하거나 다른 사람에게 설명하려고 하면 제대로 하지 못하는 경우가 이에 해당한다. 이는 단순히 영상을 수동적으로 시청하는 것이 실제 지식의 습득이나 적용과는 다르다는 것을 보여준다. 따라서 진정한 학습을 위해서는 단순 시청을 넘어 내용을 요약하거나 관련 문제를 풀어보는 등 적극적인 학습 검증 과정이 필요하다.

따라서 우리는 아이들에게 더 깊이 있는 학습 경험을 제공해야 한다. 단순히 보고 듣는 것을 넘어, 질문하고, 토론하고, 적용해보고, 가르쳐보는 과정이 필요하다. 예를 들어, 책을 읽을 때도 단순히 내용을 이해하는 것에서 그치지 않고, 다른 사람에게 설명해보거나, 자신의 경험과 연결 지어 생각해보거나, 새로운 상황에 적용해보는 활동을 통해 더 깊은 이해에 도달할 수 있다.


## 나만의 의미 만들기, 생성 효과


　자기주도학습의 가치는 단순한 교육 이론을 넘어 인간 뇌의 작동 원리와 직접적으로 연결되어 있다. 특히 문해력 발달에 있어서, 스스로 텍스트의 의미를 구성해나가는 과정은 우리 뇌의 여러 영역을 동시에 활성화시키며, 이는 단순한 정보 습득 이상의 깊은 독해력으로 이어진다. 수동적

으로 주어진 해석을 받아들이는 것이 아니라, 능동적으로
텍스트와 대화하며 자신만의 의미를 만드는 과정이야말로
진정한 문해력 발달의 핵심인 것이다.

자신이 직접 의미를 구성하고 판단해보는 과정에서 나
타나는 '생성 효과'generation effect는 문해력 발달의 핵심 메커
니즘을 설명하는 인지심리학의 중요한 원리다. 예를 들어,
아이가 '기쁘다'라는 단어의 뜻을 스스로 문장으로 만들어
보거나, 자신의 경험과 연결 지어 표현해볼 때 단순히 사전
적 의미를 암기하는 것보다 더 깊이 있게 이해하고 오래 기
억하게 된다. 이러한 생성 효과는 단순히 '어떻게 하면 텍
스트를 더 잘 기억할 수 있을까'라는 차원을 넘어서, '어떻
게 하면 진정한 텍스트 이해와 깊이 있는 독해력 발달에 도
달할 수 있을까'라는 근본적인 질문에 대한 과학적 답변을
제공한다.

요리의 비유는 이러한 독서 과정을 완벽하게 설명해준

다. 세계적인 요리사의 레시피를 수백 번 읽는 것과, 실제로 주방에 들어가 요리를 해보는 경험이 다르듯이, 텍스트를 단순히 읽는 것과 텍스트와 적극적으로 상호작용하며 읽는 것은 전혀 다른 차원의 학습을 가져온다. 마치 요리할 때 재료의 상태를 판단하고, 불의 세기를 조절하며, 양념의 균형을 맞추는 것처럼, 능동적인 독서 과정에서는 텍스트의 맥락을 파악하고, 숨겨진 의미를 추론하며, 작가의 의도를 해석하는 등 수많은 인지적 판단과 조정이 이루어진다. 이러한 과정에서 발생하는 시행착오와 작은 발견들이 모여 진정한 문해력이 되는 것이다.

　독서도 이와 마찬가지다. 단순히 텍스트를 읽고 내용을 암기하는 것은 레시피를 읽기만 하는 것과 같다. 반면, 텍스트의 내용을 자신만의 언어로 재해석하고, 실생활의 예시를 찾아보며, 다른 텍스트나 지식과의 연결고리를 발견하는 과정은 실제로 요리를 해보는 것과 같은 깊이 있는 독서 경험을 제공한다. 이러한 생성적 읽기를 통해 우리는 텍스트의 표면적 의미를 넘어 심층적 의미에 도달할 수 있다.

뇌과학 연구는 이러한 생성적 독서의 가치를 과학적으로 입증한다. 텍스트의 내용을 단순히 수용할 때와 비교해, 생성적으로 의미를 만들고 재구성할 때 우리 뇌의 여러 영역이 현저히 활성화된다. 특히 고차원적 사고를 담당하는 전두엽과 기억 형성의 중추인 해마가 적극적으로 활성화되면서, 더 강력하고 지속적인 신경망 연결이 형성된다고 한다.

이는 마치 숲속에 길이 만들어지는 과정과 유사하다. 처음에는 희미한 발자국에 불과하지만, 여러 사람이 반복해서 그 길을 걸으면서 점차 뚜렷한 등산로가 형성되는 것처럼, 생성적 독서 과정은 우리 뇌에 더 선명하고 견고한 '독해의 길'을 만든다. 텍스트의 내용을 자신의 언어로 다시 표현하고, 다른 텍스트나 지식과 연결 짓고, 실생활의 예시를 찾아보는 과정은 이 길을 더욱 단단하게 다지는 작업이다.

이러한 발견은 문해력 교육에 중요한 시사점을 제공한다. 단순히 텍스트의 내용을 전달하거나 정해진 해석을 제시하는 것보다, 학습자가 스스로 의미를 구성할 수 있는 기회를 제공하는 것이 훨씬 더 효과적이다. 예를 들어, 글의 주제를 직접 설명해주는 대신, 학생들이 텍스트의 다양한 단서를 바탕으로 스스로 주제를 도출해보게 하거나, 텍스트가 제기하는 문제에 대해 자신만의 해결방안을 생각해보게 하는 것이 더 깊은 이해로 이어질 수 있다.

## 생성 효과를 활용한 읽기

생성 효과는 여러 단계를 거쳐 발현된다. 가장 기본이 되는 것은 텍스트와의 능동적 상호작용이다. 독자는 "이 부분이 무슨 의미일까?", "저자는 왜 이런 표현을 선택했을까?"

와 같은 질문을 끊임없이 던지고 답을 찾아가며, 텍스트의
내용을 문단별로 세밀하게 분석하고, 저자의 의도와 관점
을 문맥을 통해 추론하며 비판적으로 검토한다. 이는 마치
탐정이 현장의 증거들을 하나하나 수집하고 그 의미를 분
석하듯, 텍스트의 언어적·구조적·맥락적 층위를 적극적으
로 탐색하는 과정이다.

　　다음 단계인 의미의 재구성 단계에서는 더욱 고차원적인
인지 활동이 이루어진다. 읽은 내용을 자신만의 언어로 다
시 표현하고, "이 개념을 일상생활에 어떻게 적용할 수 있
을까?"와 같이 핵심 아이디어를 새로운 맥락에 적용하며,
이전에 배운 지식이나 개인적 경험과의 구체적인 연결고
리를 발견하는 과정이 포함된다. 이는 마치 수많은 조각들
로 이루어진 퍼즐을 자신만의 방식으로 맞추어가는 창조
적 활동으로, 텍스트의 표면적 의미를 넘어 숨겨진 함축적
의미를 파악하고, 글의 전체적인 구조와 논리의 흐름을 체
계적으로 분석하는 깊이 있는 이해를 가능하게 한다.

　이러한 생성 효과를 극대화하기 위해 다양한 독서 활동을 활용할 수 있다. 먼저, 감정적 연결을 통한 접근이 효과적이다. "이 책을 읽으면서 어떤 감정이 들었니?"와 같은 질문으로 시작하는 대화는 아이들의 내면세계를 열어주는 열쇠가 되며, 등장인물의 감정에 공감하고 자신의 경험과 연결 지으면서 이야기의 깊은 의미를 발견하게 된다.

　상상력을 자극하는 '만약에' 질문도 매우 유용하다. "만약 주인공이 다른 선택을 했다면 어떻게 되었을까?", "이야기가 현대 우리 동네에서 벌어진다면 어떨까?"와 같은 가정적 질문들은 아이들의 상상력을 자극하고 새로운 자신의 관점에서 이야기를 바라보게 한다. 이는 비판적 사고력과 창의성을 동시에 키우는 효과적인 방법이다.

　읽은 내용을 다양한 방식으로 표현하는 활동도 중요하다. 그림으로 그리거나, 역할극으로 표현하거나, 음악으로 표현하는 등의 멀티모달 표현활동은 텍스트의 의미를 더욱 깊이 있게 이해하고 내면화하는 데 도움이 된다. '책 속 보물찾기' 활동을 통해 인상 깊은 문장이나 단어를 찾아보고, 그 의미에 대해 이야기를 나누는 것도 텍스트를 꼼꼼히 읽고 분석하는 습관과 자신의 생각과 관점을 기르는 데 효과적이다.

더불어 '나만의 속편 만들기'와 같은 창작활동은 텍스트에 대한 깊은 이해를 바탕으로 새로운 의미를 생성하는 대표적인 활동이다. 책의 결말 이후의 이야기를 상상해보거나, 등장인물의 일기를 써보는 등의 활동은 읽기와 쓰기를 자연스럽게 연결해준다.

마지막으로, 책의 내용을 현재 우리 가족의 상황이나 사회적 이슈와 연결 지어 토론하는 것은 텍스트의 의미를 확장하고 실제적인 이해를 돕는다. 이는 문학이 단순한 이야기가 아닌 삶의 지혜를 담은 거울이 될 수 있음을 깨닫게 해준다.

이러한 모든 활동에서 중요한 것은 부모의 적절한 비계 설정이다. 처음에는 구체적인 안내와 예시를 제공하되, 점차 아이 스스로 생각하고 표현할 수 있는 기회를 늘려가는 것이 바람직하다. 이러한 과정을 통해 아이들은 수동적인 독자가 아닌, 텍스트와 적극적으로 상호작용하며 의미를 만들어가는 능동적인 독자로 성장할 수 있을 것이다.


# '왜'라는 질문을 통한 읽기


한 아이가 책을 읽다가 문득 질문을 한다. "엄마, 고래는 왜 육지 동물인데 바다에서 살게 되었어요?" 이 단순해 보이는 '왜'라는 질문은 깊이 있는 문해력과 호기심 발달의 시작점이다. 고래의 진화에 대한 호기심은 마치 나비효과처럼 더 깊은 질문들로 이어진다. "왜 일부 포유류만 바다로

돌아갔을까?", "왜 다른 방식이 아닌 이러한 진화 경로를 택
했을까?"

우리의 뇌는 '왜'라는 질문을 던질 때 가장 활발하게 활동
한다. 신경과학자들의 연구에 따르면, 우리가 인과관계를
탐구하는 순간 뇌의 여러 영역이 동시에 활성화되며, 이는
마치 도서관에서 하나의 책이 다른 책으로 이어지며 독서
의 지도를 그려가는 것과 같다고 한다. 특히 전전두엽과 측
두엽이 동시에 활성화되면서 기억, 추론, 그리고 문제해결
능력이 총동원된다. 이러한 현상은 마치 뇌가 도서관의 수
많은 책들 사이에서 실마리를 찾아 연결하며, 새로운 지식
의 지도를 완성해가는 사서와도 같다.

이러한 '왜'에 기반한 독서는 표면적 이해를 넘어 더 깊은
문해력을 발달시킨다. 단순히 글의 내용을 파악하는 것이
아니라, 글 속에 담긴 인과관계를 파악하고, 저자의 의도를
분석하며, 주장의 타당성을 평가하는 능력이 자연스럽게

발달한다. "왜 저자는 이 부분을 특별히 강조했을까?", "왜 이러한 순서로 내용을 구성했을까?", "이 결론은 왜 중요할까?"와 같은 질문들이 깊이 있는 독해로 이어진다.

인공지능 시대에 이러한 '왜'에 기반한 독서는 더욱 중요해지고 있다. 인공지능은 '무엇'에 대한 답은 빠르게 제공할 수 있지만, '왜'에 대한 깊이 있는 탐구는 여전히 인간의 영역이다. 비판적 사고와 깊이 있는 분석 능력은 인공지능 시대에 더욱 중요한 인간만의 경쟁력이 될 것이다. 특히 주목할 만한 것은 '왜'라는 질문이 만드는 문해력의 선순환이다. 하나의 '왜'가 다음 '왜'를 부르고, 이는 다시 더 깊은 이해와 통찰로 이어진다. 이러한 과정을 통해 아이들은 단순한 정보 소비자가 아닌, 능동적인 의미 창출자로 성장하게 된다.

하지만 OECD의 조사에 따르면, 한국 학생들의 읽기 능력은 상위권이지만 비판적 사고력과 창의적 문제해결 능력은 중하위권에 머물러 있다. 이는 우리 교육이 표면적인 독해에만 치중하고, 진정한 의미의 문해력 함양에는 실패하고 있음을 보여준다. 특히 입시 위주의 교육 환경에서 학생들은 정답 찾기에만 집중하고, 질문하고 탐구하는 진정한 학습의 즐거움을 놓치고 있다.

더욱 우려되는 것은 아이들의 질문이 나이가 들수록 급격히 줄어든다는 점이다. 호기심으로 가득한 취학 전 아이들은 하루에 수많은 질문을 쏟아내지만, 학교에 들어가면서 이 횟수가 급격히 감소하여 중·고등학생이 되면 질문을 거의 하지 않고 하루를 보내는 날들이 많아진다고 한다.[36] 질문의 감소는 곧 깊이 있는 이해와 학습의 감소를 의미한다. 이는 우리 교육 시스템이 아이들의 자연스러운 호기심과 탐구 욕구를 억누르고 있다는 것을 보여주는 실증적 결과다.

진정한 문해력은 단순히 글자를 읽고 이해하는 능력을 넘어선다. 그것은 텍스트에 끊임없이 '왜'라는 질문을 던지

면서 정보를 비판적으로 분석하고, 맥락을 파악하며, 숨겨
진 의미를 발견하는 총체적인 능력이다. 소크라테스식 문
답법이 수천 년간 효과적인 교육 방법으로 인정받아온 것
도, 이런 '왜'라는 질문을 통한 깊이 있는 이해와 탐구가 학
습의 핵심이기 때문이다. 많은 미래학자들은 미래에는 좋
은 답변을 찾는 능력보다 '왜'라는 질문을 통해 새로운 관점
을 발견하는 능력이 더 가치 있을 것이라고 강조하고 있다.

# 2장

다양한 읽기 전략

# 소리 내어 느리게 읽기

　뇌과학 연구들은 소리 내어 읽기가 뇌 발달에 미치는 긍정적인 영향을 계속해서 밝혀내고 있다. fMRI 연구 결과에 따르면, 소리 내어 읽기는 뇌의 여러 영역을 동시에 활성화시킨다. 전두엽은 전반적인 읽기 과정을 조절하고, 측두엽은 소리 정보를 처리하며, 후두엽은 글자와 같은 시각 정보를 처리한다. 두정엽은 여기에 공간 지각 기능을 더한다. 최근 연구들은 이처럼 다양한 감각을 동시에 사용하는 활동이 아이들의 신경망 발달을 촉진하고, 창의적 사고력 향상에도 도움이 된다고 보고하고 있다.

　브로카 영역과 베르니케 영역이라는 언어 중추는 마치 협주곡의 솔리스트처럼 중심적인 역할을 수행한다. 이들은 텍스트의 의미를 깊이 있게 이해하고, 이를 정확한 발음과 억양으로 표현해내는 복잡한 과정을 조율한다. 신경과학 연구들은 이 과정에서 기억의 중추인 해마가 특별히 활성화된다는 사실을 발견했다. 마치 사진을 찍듯이, 소리 내어 읽은 내용이 더 선명하고 오래도록 기억 속에 남는다는 것이다. 실제로 맥클라우드MacLeod와 동료들이 수행한 연구에 따르면, 소리 내어 읽은 내용은 묵독했을 때보다 평균 30% 이상 더 오래 기억되는 것으로 나타났다.[37]

현대 사회의 디지털 환경이 가져온 변화도 주목할 만하다. 요즘 읽기 패턴을 가리켜 'F자형 읽기'라고 한다. 영어 'F' 모양처럼, 처음 몇 줄만 읽고 그다음에는 쭉 아래로 훑어 내려가는 읽기 패턴을 가리키는 용어다.

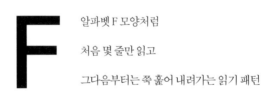

알파벳 F 모양처럼
처음 몇 줄만 읽고
그다음부터는 쭉 훑어 내려가는 읽기 패턴

**F자형 읽기**

이 현상은 마치 경고등처럼 읽기에 대한 우리의 주의를 환기시킨다. 끊임없이 쏟아지는 디지털 정보의 홍수 속에서, 사람들은 마치 돌을 물 위로 던져 튀기듯 내용의 표면만을 빠르게 훑어 내려가는 습관이 생겼다. 페이지의 상단과 좌측을 중심으로 한 이러한 빨리 읽기 방식은, 마치 영양가 있는 식사 대신 패스트푸드로 끼니를 때우는 것과 같은 결과를 초래할 수 있다. 더욱 우려되는 점은, 이러한 습관이 아이들의 집중력 저하와 심층적 사고능력 감소로 이어질 수 있다는 것이다.

반면 소리 내어 읽기는 마치 정성스럽게 차린 건강식과도 같다. 예를 들어, 황순원의 〈소나기〉를 소리 내어 읽을 때, 우리는 단순히 줄거리만 파악하는 것이 아니라 작품 속에 담긴 감정의 농도, 언어의 리듬, 표현의 아름다움을 온몸으로 체험하게 된다. 이는 마치 음식을 천천히 씹으며 그 맛을 음미하는 것과도 같은 풍부한 독서 경험을 제공한다. 특히 부모가 자녀와 함께 소리 내어 읽기를 실천할 때, 이는 단순한 독서를 넘어 소중한 정서적 교감의 시간이 될 수 있다.

소리 내어 읽기는 우리의 뇌와 마음에 놀라운 변화를 가져온다. 최근 뇌과학 연구들은 이 단순해 보이는 활동이 뇌의 작용과 정서적 안정에 미치는 깊은 영향을 하나둘씩 밝혀내고 있다. 특히 스트레스 호르몬인 코티솔의 감소와 '안정 호르몬'인 옥시토신의 증가는, 소리 내어 읽기가 우리 몸의 생리학적 균형을 맞추는 데 도움을 준다는 것을 보여준다.[38] 이와 관련하여 마사시와 동료들이 수행한 연구에서는 규칙적인 소리 내어 읽기가 스트레스 관련 호르몬의 조절에 긍정적인 영향을 미치는 것으로 나타났다.[39]

이러한 효과는 부모가 자녀에게 책을 읽어줄 때 더욱 특별한 의미를 갖는다. 취침 전 책 읽어주기는 단순한 일상적 활동이 아닌, 아이의 뇌 발달과 정서적 안정을 동시에 촉진하는 귀중한 시간이다. 부모의 따뜻한 목소리로 전달되는 이야기는 아이의 언어 능력을 발달시킬 뿐만 아니라, 창의성이라는 씨앗을 틔우고 정서적 유대라는 단단한 뿌리를 내리게 한다.

소리내어 읽기와 관련해 주목해야 할 것은 인간의 '생각의 속도'다. 뇌과학자들은 우리 뇌가 정보를 처리하고 의미를 구성하는 데 일정한 시간이 필요하다는 것을 발견했다. 이러한 정보처리 과정은 마치 맛있는 요리에 필요한 적정 조리 시간처럼 결코 생략할 수 없는 필수적인 과정이다. 이는 현대인의 빠른 정보 소비 습관이 깊이 있는 이해와 학습을 방해할 수 있다는 것을 시사한다. 실제로 한 연구에 따르면, 너무 빠른 속도로 정보를 처리하려 할 때 우리 뇌의 이해도와 기억력이 현저히 저하되는 것으로 나타났다. 소리 내어 읽는 활동은 생각할 수 있는 시간적 여유를 확보하는 데 도움을 줄 수 있는 하나의 방법인 것이다.

이는 최근 주목받고 있는 '마인드풀 리딩'mindful reading이라는 개념과도 자연스럽게 연결된다. 이는 단순히 글자를 읽

는 것을 넘어, 텍스트와 깊은 대화를 나누듯 읽는 방식을 의
미한다. 이러한 깊이 있는 독서는 스트레스 감소, 집중력
향상, 창의성 증진으로 이어지며, 특히 소리 내어 읽기를 통
해 그 효과가 더욱 강화된다.[40] 마인드풀 리딩에 대한 연구
들은 이 방식이 텍스트에 대한 깊은 이해와 인지적 유연성
을 증진시킨다는 점을 보여주고 있다.


## 반복 읽기와 생각의 확장


　영화와 책의 재감상은 마치 익숙한 풍경을 다른 계절에
다시 바라보는 것과 같은 특별한 경험을 선사한다. 박찬욱
감독의 '헤어질 결심'을 처음 볼 때는 미스터리 로맨스로만
다가올 수 있지만, 두 번째, 세 번째 관람에서는 감독이 섬
세하게 배치해둔 시각적 상징과 심리적 메타포의 깊은 의

미를 발견하게 된다. 마치 보물찾기를 하듯, 매 순간 새로
운 발견의 기쁨을 누릴 수 있는 것이다. 예를 들어, 망원경
을 통한 감시 장면이나 주인공들의 시선 교차가 단순한 플
롯 장치를 넘어 인간 내면의 깊은 욕망과 감정을 상징하는
것임을 깨닫게 되는 순간의 희열은 실로 특별하다.

  책의 경우 이러한 경험은 더욱 깊어진다. 카프카의 '변신'
은 이러한 다층적 독서 경험의 완벽한 예시가 된다. 처음
읽을 때는 한 남자가 갑충으로 변하는 기이한 이야기로만
다가올 수 있다. 그러나 두 번째 읽을 때는 현대 사회의 소
외 문제가 보이기 시작하고, 세 번째 읽을 때는 가족 관계의
복잡한 역학과 실존적 고뇌가 눈에 들어온다. 마치 양파의
껍질을 벗기듯, 읽을 때마다 새로운 의미의 층위가 드러나
는 것이다. 특히 주인공 그레고르의 변신이 단순한 초자연
적 사건이 아닌, 현대인의 자아 상실과 소외를 상징하는 강
력한 은유임을 발견하는 순간, 우리는 작품의 진정한 깊이
를 체감하게 된다.

좋은 글은 그것을 읽을 때마다 익숙한 풍경을
다른 계절에 다시 바라보는 것과 같은 특별한 경험을 선사한다.

더욱 흥미로운 것은 시간의 흐름과 독서 경험의 관계다. 20대에 읽었던 책을 40대에 다시 읽을 때, 우리는 전혀 다른 책을 읽는 듯한 경험을 하게 된다. 고대 그리스 철학자 헤라클레이토스의 말처럼, "같은 강물에 두 번 발을 담글 수 없다"는 말은 독서에서도 마찬가지다. 책의 내용은 그대로지만, 세월이 더해준 경험과 통찰이 텍스트를 바라보는 우리의 렌즈를 완전히 바꾸어놓기 때문이다.

《심청전》은 이런 관점에서 좋은 예시가 될 것 같다. 청소년 시절에는 단순히 효녀 심청의 희생과 효도 이야기로 읽히지만, 나이가 들고 부모가 되어 다시 읽으면 심봉사의 입장에서 자식을 잃은 부모의 고통, 가난 속에서의 부모-자식 관계의 윤리적 딜레마, 그리고 인간 삶의 근원적인 고뇌와 구원에 대한 깊이 있는 통찰을 발견하게 된다.

독서는 마치 깊은 우물을 파는 것과도 같다. 첫 삽을 뜰 때는 표면의 흙만 걷어낼 수 있지만, 반복된 작업을 통해 점차 더 깊은 곳의 물맥에 도달할 수 있다. 고대 로마의 우물 장인들이 물맥을 찾기 위해 끈기 있게 땅을 파 내려갔듯이, 독서에서도 반복은 더 깊은 의미의 층위를 발견하게 해준다. 인지과학과 학습이론은 이러한 반복 독서의 가치를 과학적으로 입증하고 있다.

특히 주목할 만한 것은, 각각의 반복 독서가 뇌의 서로 다른 영역을 활성화시키며, 이를 통해 더욱 풍부한 신경망이 형성된다는 것이다. 이는 마치 정원사가 다양한 도구로 정원을 가꾸듯, 매번의 독서가 우리 뇌에 새로운 방식으로 자극을 주어 더욱 풍성한 이해의 정원을 만들어간다는 것을 보여준다.

우리의 뇌는 마치 오래된 지도를 새로운 길을 찾는 데 활용하듯, 기존의 신경 연결망을 통해 새로운 정보를 해석하려 한다. 따라서 첫 번째 독서는 필연적으로 우리가 이미 알고 있는 지식의 테두리 안에서 이루어질 수밖에 없다. 이는 마치 낯선 도시를 처음 방문했을 때, 주요 랜드마크만을 중심으로 도시를 이해하는 것과 비슷하다.

뇌 영상 연구에 따르면, 첫 독서 시에는 주로 기본적인 언어 처리와 관련된 뇌 영역이 활성화되는 반면, 반복 독서 시에는 전전두엽과 측두-두정엽 접합부 같은 더 깊은 의미 처리와 관련된 영역들이 추가로 활성화된다고 한다. 이는 마치 도시의 골목골목을 탐험하며 그 도시만의 독특한 문화와 이야기를 발견해가는 과정과도 같다.[41]

독일의 심리학자이자 기억연구로 우리에게 많이 알려진 헤르만 에빙하우스가 발견한 '간격 효과'는 이러한 맥락에서 매우 중요한 의미를 갖는다. 학습 사이에 적절한 간격을 두는 것이 기억의 정착에 놀라운 효과를 가져온다는 이 발견은, 반복 독서의 또 다른 과학적 근거를 제공한다. 신경과학 연구들은 이러한 간격을 둔 학습이 해마에서 장기 기억으로의 전환을 더욱 효과적으로 촉진한다는 사실을 밝혀냈다.

예를 들어, 톨스토이의 《전쟁과 평화》를 처음 읽을 때는 방대한 이야기의 줄거리와 복잡한 인물 관계를 파악하는 데 많은 에너지를 쏟게 된다. 그러나 몇 개월 후 다시 읽을 때는, 이미 익숙해진 이야기 구조 위에서 작품에 담긴 철학적 통찰이나 역사적 맥락을 더 깊이 있게 이해할 수 있게 된다. 이는 마치 같은 풍경을 다른 계절에 다시 방문하며 새로운 아름다움을 발견하는 것과도 같다. 실제로 문학 작품의 반복 독서는 공감 능력과 정서 지능의 향상에도 긍정적인 영향을 미친다고 한다.

뇌과학 분야의 신경가소성 연구는 이러한 반복 독서의 가치를 더욱 견고하게 뒷받침한다. 우리의 뇌는 같은 정보를 다른 시점에서 접할 때마다 새로운 신경 연결을 형성한다. 이는 마치 도시의 새로운 길이 만들어지는 것처럼, 우리의 이해를 더욱 풍부하고 정교하게 만든다. 시간이 지나 다시 읽을 때마다 우리는 이전에는 보지 못했던 새로운 의미의 층위를 발견하게 되는 것이다. 특히 청소년기의 반복 독서는 뇌의 전두엽 발달을 촉진하며, 이는 추상적 사고력과 비판적 분석력의 향상으로 이어진다.


# 크로스오버 독서법, 창의적 문해력의 시작


　급변하는 시대에 우리 아이들이 갖추어야 할 핵심 역량인 창의성이 무엇인지, 그리고 그것을 어떻게 키워줄 수 있을지에 대한 질문이 끊임없이 제기되고 있다. 흥미롭게도 그 해답은 인류의 가장 오래된 학습 도구인 '독서'에서 찾을 수 있다. 다만 여기서 이야기하는 독서는 단순히 책을 읽는 것이 아닌, 다양한 분야를 넘나드는 '크로스오버 독서'를 의미한다. 실제로 최근 연구들에 따르면, 다양한 분야의 독서를 하는 학생들은 그렇지 않은 학생들에 비해 창의적 문제해결능력이 더 높은 것으로 나타난다.

창의성의 본질은 서로 다른 영역의 지식이 충돌하고 융합하는 과정에서 탄생한다. 역사적으로 가장 혁신적인 인물들은 대부분 여러 분야를 넘나드는 지적 탐험을 했던 사람들이었다. 레오나르도 다빈치는 해부학과 공학, 예술을 자유롭게 넘나들며 시대를 앞서가는 혁신적인 아이디어들을 만들어냈고, 현대에 와서도 애플의 스티브 잡스는 캘리그래피와 선불교, 디자인을 공부하며 얻은 통찰을 기술과 결합해 혁신적인 제품들을 탄생시켰다.

인지과학자들은 이러한 현상을 '인지적 유연성'이라고 부르며, 이는 다양한 분야의 독서를 통해 효과적으로 개발될 수 있다고 한다. 다양한 분야의 독서는 우리 뇌에 여러 개의 프리즘을 설치하는 것과 같아서, 각각의 프리즘은 세상을 바라보는 독특한 관점을 제공하며 이러한 다중적 시각은 문제해결에 있어 놀라운 창의성을 발휘하게 한다. 이는 마치 만화경을 통해 세상을 보는 것처럼, 같은 현상도 다양한 각도에서 새롭게 해석할 수 있게 해준다. 뇌과학 연구 결과들을 살펴보면 다양한 분야의 독서를 하는 사람들의 뇌에서는 전두엽과 두정엽 사이의 신경 연결망이 더욱 조밀해지고, 서로 다른 영역 간의 연결성이 현저히 증가하는 것으로 나타났다.[42]

'지식 네트워크 이론'은 이러한 크로스오버 독서의 가치를 더욱 명확하게 설명해준다. 우리가 습득하는 각각의 새로운 지식은 마치 도시의 건물처럼 하나의 노드가 되고, 다양한 분야의 독서는 이 노드들 사이에 새로운 길을 만들어낸다. 생물학의 진화 원리가 기업의 혁신 전략을 이해하는 통찰이 되고, 물리학의 엔트로피 법칙이 사회 변화를 해석하는 렌즈가 되는 것이다. 구글과 같은 혁신적 기업들이 직원들에게 자신의 전문 분야 외에도 다양한 분야의 학습을 권장하는 것도 바로 이러한 이유 때문이다.

특히 창의성을 연구하는 교육심리학자들이 주목하는 '원거리 연합' 능력은 크로스오버 독서를 통해 크게 향상될 수 있다. 이는 마치 서로 다른 대륙의 퍼즐 조각들을 맞추어 새로운 세계 지도를 그리는 것과 같다. 창의적인 사람들은 겉보기에 전혀 관계없어 보이는 개념들 사이에서도 의미 있는 연결고리를 발견해내는 능력이 뛰어난데, 다양한 분야의 독서는 이러한 능력을 효과적으로 키워준다. 이들의 뇌는 마치 여러 나라의 언어를 자유자재로 구사하는 통역사처럼, 서로 다른 지식 영역을 자유롭게 넘나들며 새로운 의미를 창출해낸다.

창의성 연구의 대표적 연구자인 코프만과 동료들은 독서 등을 통한 다양한 분야의 경험이 실제로 창의적 사고력 향상에 긍정적 영향을 미침을 연구를 통해 보여준 바 있다. 코프만은 창의성이 단순히 개인의 내적 능력만이 아닌, 다양한 경험과 관점을 적극적으로 탐색하고 통합하는 과정에서 발현된다고 주장한다. 겉보기에 전혀 관계없어 보이는 개념들 사이에서도 의미 있는 연결고리를 발견해내는 능력, 바로 이것이 진정한 창의성의 본질이라는 것이다. [43]

요즘 주목받는 크로스오버 독서는 한 가지 주제나 내용을 여러 관점에서 다양하게 살펴보는 방식으로도 진행할 수 있다. 특히 아이들의 독서지도에 활용하면 긍정적인 효과를 거둘 수 있는데, 대표적인 방법 세 가지를 같이 살펴보자.

첫째, '주제 중심' 크로스오버 독서 방법이다. 아이가 관심 있어 하는 '공룡'이라는 주제로 예를 들어보자. 《Why? 공룡》과 같은 과학 도서를 읽고, 《신비한 공룡 탐험》같은 모험 동화를 읽은 후, 공룡 박물관을 방문하거나 공룡 화석 발굴 체험을 해본다. 이런 식으로 하나의 주제를 과학, 문학, 체험 활동 등으로 확장하며 탐구하면 아이는 자연스럽게 다양한 관점에서 한 주제에 대한 보다 깊이 있는 사고력을 기를 수 있다.

둘째, '도서 연결 읽기'다. 이 방법은 서로 다른 책들 사이의 접점을 찾아보는 것이다. 《무지개 물고기》라는 그림책과 《흥부와 놀부》라는 전래동화를 연결해 읽는다고 생각해보자. 겉보기에는 전혀 다른 두 책이지만, 아이들은 그 안에서 '나눔'과 '욕심'이라는 공통된 주제를 발견할 수 있다. 이런 발견을 같이 이야기하거나 글로 작성할 때는 단순히 줄거리를 요약하는 것이 아니라, 두 책에서 이야기하는 나눔과 욕심이 같은 것인지, 다른 것인지 자신의 생각을 짚어보도록 하는 것이 중요하다.

셋째, '가족 독서 공유'는 크로스오버 독서를 가족 문화로 승화시키는 방법이다. 가령 아빠는 《사피엔스》와 같은 인문서를, 엄마는 《82년생 김지영》과 같은 소설을, 중학생 자녀는 《불편한 편의점》과 같은 청소년 소설을, 초등학생 자녀는 《마당을 나온 암탉》과 같은 동화를 각자 읽고 저녁 시간에 함께 모여 이야기를 나눈다. 이때 중요한 것은 자신이 읽은 책의 내용을 단순히 전달하는 것이 아니라, "이 책에서 가장 인상 깊었던 부분은 무엇인가요?", "이 책의 내용이 우리 가족과 어떤 관련이 있을까요?"와 같은 열린 질문으로 대화를 이어가는 것이다. 서로 다른 장르의 책에서 발견한 새로운 시각과 통찰을 나누다 보면, 하나의 주제를 여러 각도에서 바라보는 안목이 자연스럽게 길러진다. 이런 대화는 가족 구성원 각자의 관심사를 이해하고 서로의 지적 호기심을 자극하는 소중한 기회가 된다.

결론적으로, 다양한 분야를 아우르는 독서는 우리 아이들이 인공지능 시대에 진정한 경쟁력을 가질 수 있게 하는 핵심 역량이다. 인문학과 과학, 예술과 공학을 넘나드는 크로스오버 독서를 통해 길러진 융합적 사고력은 우리 아이들이 미래 사회의 리더로 성장하는 든든한 발판이 될 것이다. 현대의 모든 혁신이 서로 다른 분야의 지식이 만나는 교차점에서 탄생하듯이, 우리 아이들도 다양한 분야의 독서를 통해 자신만의 독특한 관점을 발전시키고 창의적 혁신을 이끌어갈 수 있을 것이다.

# 독서편식?
# 주제몰입독서를 통한 생각의 힘 키우기


    디지털 네이티브 세대인 우리 아이들의 독서 습관에 대한 부모님들의 걱정이 커지고 있다. 특히 한 분야의 책만 고집하는 '독서 편식'에 대한 우려의 목소리가 높다. 하지만 최신 발달심리학과 학습동기 이론은 이러한 우려가 기우일 수 있다고 말한다. 깊은 관심과 몰입은 오히려 인지발달의 강력한 원동력이 될 수 있다는 것이다. 사실 앞에서 언급한 크로스오버 독서를 더 깊이 있게 경험하려면 한 주제에 대한 독서몰입 경험이 중요한 기반이 되어야 한다! 한 주제에 대한 깊이 있는 문해 경험이 다른 주제를 새롭게 바라보는 중요한 힘이 되기 때문이다.


    발달심리학의 관점에서 보면, 독서 편식이라는 표현 자체가 영양학적 개념을 교육에 부적절하게 적용한 것이라

이야기할 수 있다. 음식의 영양 섭취와 달리, 지적 발달에서는 깊은 몰입과 집중도 긍정적인 역할을 한다. 공룡에 푹빠진 아이는 자연스럽게 생물학, 지질학, 진화론과 같은 복잡한 과학 개념들을 이후 확장해 스스로 읽고 학습하게 된다. 판타지 소설에 심취한 아이는 풍부한 어휘력과 상상력, 문학적 감수성을 발달시킬 수 있고, 이후 과학과 공학에 대한 관심으로 자연스럽게 연결되는 과정을 경험하기도 한다. 아이들이 흥미를 갖고 있는 주제에 대한 독서몰입 경험은 강제된 '균형 잡힌' 독서와는 비교할 수 없는 것이다.

현대 교육심리학의 대표적 학습동기 이론인 '자기결정성 이론'은 이를 과학적으로 뒷받침한다. 교육심리학자들은 내재적 동기, 즉 순수한 자신의 흥미와 호기심에서 비롯된 학습동기가 가장 강력하고 지속적인 학습 효과를 만들어낸다고 설명한다. 부모나 교사의 지시가 아닌, 아이 스스로의 관심에서 시작된 독서는 더 깊은 이해와 오래 지속되는 기억을 형성하게 된다.

'전문성 발달'의 관점에서도 몰입 경험의 중요성을 생각해 볼 수 있다. 전문성에 대한 연구를 집중적으로 수행해온 인지심리학자 에릭슨의 연구에 따르면, 어떤 분야에서든 뛰어난 전문성의 시작점은 대부분 어린 시절의 강렬한 관심과 몰입이었다고 한다. 유명한 과학자들의 어린 시절을 보면, 대부분 특정 주제에 깊이 빠져 있었다는 공통점이 있다. 이들은 그 관심사를 통해 과학적 사고방식과 탐구 정신을 자연스럽게 체득했다고 한다.

또한 '인지적 스캐폴딩' 이론은 이러한 현상을 체계적으로 설명한다. 익숙하고 관심 있는 주제는 아이들에게 안정된 인지적 발판이 되어, 더 복잡한 사고와 학습으로 나아가는 토대가 된다.

추리 소설을 즐겨 읽는 아이는 자연스럽게 논리적 추론 능력을 발달시키고, 이는 수학이나 과학적 사고에도 긍정적인 영향을 미칠 수 있다. 역사 소설에 빠진 아이는 시간의 흐름과 인과관계에 대한 깊은 이해를 발달시키며, 이는 사회 현상을 이해하는 통찰력으로 발전할 수 있다.

　더욱 흥미로운 것은 '관심의 전이' 현상이다. 한 분야에 대한 깊은 탐구는 자연스럽게 다른 관련 분야로의 관심 확장으로 이어진다. SF 소설을 즐기던 아이가 실제 과학 기술과 우주 과학에 관심을 갖게 되거나, 판타지 소설을 좋아하던 아이가 신화, 역사, 문화인류학으로 관심을 넓혀가는 경우를 볼 수 있다. 이는 강제나 지시 없이 나타나는 자연스러운 호기심의 확장인 것이다.

　무조건 '균형 잡힌' 독서를 강요하기보다, 아이의 현재 관심사를 존중하고 지원하는 것이 중요하다. 아이의 지적 발달 과정을 신뢰하고 지지하는 적극적인 태도가 필요한 것이다. 아이가 좋아하는 주제와 관련된 다양한 양질의 도서를 제공하고, 그 주제에 대해 함께 대화하고 탐구하며, 자연스럽게 관련 분야로 관심을 확장할 수 있는 기회를 만들어주는 것이 바람직하다. 독서몰입을 시작으로 이것이 자연스럽게 다른 주제로 확산될 수 있도록 하는 것이 필요하다.

특히 인공지능 시대에는 이러한 깊이 있는 독서의 가치가 더욱 중요해질 것이다. 인공지능은 광범위한 정보를 빠르게 처리할 수 있지만, 특정 주제에 대한 깊은 통찰과 창의적 연결은 여전히 인간만의 영역이다. 한 분야에 대한 깊은 이해와 몰입은 인공지능 시대에 더욱 중요해질 전문성과 창의성의 기본 토대가 될 것이다.

결론적으로, 독서 편식이라는 우려는 지나친 것이며, 오히려 특정 분야에 대한 깊은 관심과 몰입은 건강한 인지발달의 자연스러운 과정으로 이해해야 한다. 이는 자발적 학습의 토대가 되며, 장기적으로는 더 넓은 지적 호기심과 깊이 있는 사고력으로 발전하는 소중한 과정이다.

우리 아이들이 자신만의 관심사를 통해 배움의 즐거움을 발견하고, 그것을 통해 더 넓은 세상을 탐험해 나갈 수 있도

록 지원하는 것, 이것이 인공지능 시대를 살아가는 부모들
의 현명한 교육적 선택일 것이다.

# 3장

## 매체별
## 읽기 방법

# 종이책이냐, 전자책이냐?

"우리 아이는 스마트 기기로만 책을 읽으려고 해요."

"종이책을 펴면 금방 지루해하는데, 어떻게 해야 할까요?"

종종 학부모들이 이런 고민을 털어놓는다. 디지털 혁명은 우리의 독서 문화를 근본적으로 변화시켰고, 특히 자녀들의 독서 습관에도 큰 영향을 미치고 있다.

문화체육관광부의 국민독서실태조사에 따르면, 약 35%의 청소년들이 전자책을 정기적으로 활용하며, 이들은 디지털 플랫폼을 통해 다양한 방식으로 지식과 정보를 습득하고 있다. 걱정과 달리, 청소년들은 '안 읽는 것'이 아니라 '다르게 읽고' 있다고 볼 수 있는 것이다.

그러나 OECD PISA의 분석에 따르면, 종이책과 전자책 독자들 사이에 읽기 소양 점수 차이가 존재한다. 종이책 독자들이 전자책 독자들보다 15~20점 높은 성취도를 보였으며, 특히 '왜'와 '어떻게'를 묻는 심층적인 이해력 문항에서 더 두드러졌다. 독서 만족도 조사에서도 종이책 독자들은 7.8점, 전자책 독자들은 6.5점을 기록했으며, 주당 독서 시간 역시 종이책 독자가 3.2시간으로 전자책 독자의 2.1시간보다 많았다고 한다.[44]

이러한 차이가 발생하는 이유는 뇌과학 연구를 통해 밝혀졌다. 종이책을 읽을 때는 책의 무게감, 종이 질감, 페이지를 넘기는 촉각적 경험이 뇌에서 함께 처리되면서 더 깊은 기억 흔적을 남긴다. 이는 마치 실제 공간을 걸어다니며 정보를 습득하는 것과 비슷하다. 종이책은 지식을 '공간화'하여 더 효과적인 학습을 가능하게 한다. 반면 전자책은 또 다른 가능성을 제시한다. 단어를 터치해 바로 사전을 검색하거나 중요한 구절을 하이라이트해 복습하고, 웹 검색과 연계를 통해 더 편리한 상황을 제공한다. 이런 관점에서 영

어 원서 읽기나 새로운 개념 학습에서는 전자책의 장점이
있을 수 있다.

그렇다면 우리는 어떤 선택을 해야 할까? 답은 간단하다.
종이책과 전자책을 상황에 맞게 '현명하게 병행'하는 것이
다. 예를 들어, 문학 작품이나 깊이 있는 교양서는 종이책
으로 읽어 정서적 교감과 깊은 사고를 도모한다. 특히 자녀
와 함께 읽을 때는 종이책이 효과적이다. 책을 함께 읽으며
이야기를 나누는 과정에서 자연스러운 정서적 교감이 이
루어진다. 반면, 시사 정보나 최신 트렌드 관련 서적, 빠르
게 참고가 필요한 실용서는 전자책으로 읽을 수 있다. 이동
중이나 자투리 시간을 활용한 독서에도 전자책은 유용할
수 있다.

더불어 전자책을 통한 깊이 있는 독서 방법을 배우는 것
도 중요하다. 화면 밝기와 글자 크기를 조절해 눈의 피로를
줄이고, 정기적으로 독서 노트를 작성해 내용을 정리하고

성찰하며, 중요한 부분은 필기하거나 음성 메모로 기록하면 더 깊은 독서 경험을 가질 수 있다.

미래를 살아갈 자녀들의 독서는 기본적으로 종이책을 중심으로 하되, 필요한 상황에서 전자책을 보완적으로 활용하는 것이 바람직하다. 깊이 있는 사고와 정서적 성장을 위해서는 여전히 종이책이 더 효과적이기 때문이다. 구체적으로는 문학 작품이나 인문교양서는 반드시 종이책으로 읽도록 지도하자. 책장을 넘기며 느끼는 촉감, 밑줄을 긋고 메모하는 과정, 읽은 후 책장에 꽂아두었다가 다시 꺼내보는 경험은 전자책이 줄 수 없는 소중한 독서의 기쁨이다. 다만 사전 검색이 자주 필요한 영어 원서나 빠른 정보 습득이 필요한 학습 자료의 경우는 전자책을 활용하는 것이 효율적이다.

중요한 것은 부모가 먼저 종이책의 가치를 알고 이를 자녀와 함께 나누는 것이다. 거실 한켠에 아이와 함께 읽을 종이책을 늘 준비해두고, 취침 전 15분은 스마트기기를 멀리하고 종이책을 읽는 시간으로 정해보자. 이러한 일상적인 노력이 쌓여 아이는 자연스럽게 깊이 있는 독서의 즐거움을 알게 될 것이다.

## 다양한 독서 매체의 시대, 오디오북은 어떨까?

독서 매체에 따른 학습 효과의 차이는 단순히 선호도나 편의성의 문제가 아니다. 이는 인지과학의 관점에서 매우 중요한 시사점을 제공한다. 전자책과 종이책에 대한 다양한 연구를 종합한 메타분석 결과에 따르면, 디지털 텍스트보다 인쇄된 텍스트를 읽을 때 독해력이 더 높은 것으로 나타났다.[45] 특히 정보적 텍스트를 읽을 때 그 차이가 더욱 두

드러졌으며, 시간 제한이 있는 읽기 상황에서 그 격차가 더 커지는 것으로 확인되었다.

또 다른 메타분석 연구 결과는 더욱 흥미로운 결과를 보여준다.[46] 이들은 디지털 기기의 사용 경험이 많은 '디지털 원주민' 세대조차도 화면보다 종이에서 더 나은 읽기 이해도를 보인다는 점을 발견했다. 특히 시간 압박이 있거나 텍스트가 복잡할 때, 그리고 깊이 있는 이해나 기억이 필요한 상황에서 종이책의 우위가 더욱 명확해졌다.

이러한 차이가 발생하는 원인에 대해 독서교육 연구자인 싱어와 알렉산더는 주목할 만한 설명을 제시한다.[47] 디지털 매체로 읽을 때 학습자들은 자신의 이해도를 과대평가하는 경향이 있으며, 더 피상적인 읽기 전략을 사용한다는 것이다. 또한 멀티태스킹이 용이한 디지털 환경의 특성으로 인해 깊이 있는 독해가 방해받을 수 있다고 분석했다. 특히 교육적 맥락에서 교육학자인 콩과 동료들의 분석은 종이 기반 읽기가 더 나은 독해력과 기억력을 보이는데, 특히 학습 목적의 읽기나 긴 텍스트를 다룰 때 더욱 그 효과가 크다고 한다.[48]

　현대 독서 방식으로 주목받는 오디오북의 한계는 인지과학 연구를 통해 구체적으로 드러나고 있다. 멀티태스킹 환경에서 오디오북을 청취할 때 작업 기억의 인지 부하가 증가하여 학습 효과가 저하되는 현상이 관찰된다. 이는 제한된 용량을 가진 작업 기억이 청각 정보 처리와 다른 과제를 동시에 수행해야 하는 '이중 과제 간섭' 현상으로 설명할 수 있다.

　특히 운전과 같이 높은 주의 집중을 요구하는 상황에서 오디오북을 청취할 경우, 선택적 주의와 주의 분할의 인지적 한계로 인해 내용 이해도가 현저히 감소하는 것으로 나타난다. 이는 '주의용량이론'에서 설명하는 것처럼, 인간의 주의 자원이 제한되어 있어 복잡한 과제를 동시에 수행할 때 성능이 저하되는 현상과 일치한다.

그러나 전자책이나 오디오북의 한계를 지적하는 연구나 인지심리학 이론들이 이들 새로운 매체의 가능성과 가치를 모두 부정하는 것은 아니다. 디지털 시대의 도래와 함께 등장한 전자책과 오디오북은 전통적인 독서 방식에 새로운 가능성을 열어주기도 한다. 즉 각각의 매체는 특정 상황과 목적에 따라 유용하게 활용될 수 있는 가능성을 갖는다. 예를 들어, 통근이나 가벼운 산책 같은 반복적 활동 중에는 오디오북이 유용한 도구가 될 수 있다.

종이책

전자책

오디오북

종이책 vs. 전자책 vs. 오디오북?

종이책을 읽을 때 독해력이 가장 높은 것으로 나타나지만,

영어 원서 읽기나 새로운 개념 학습에서는 전자책,

통근이나 가벼운 산책 같은 반복적 활동 중에는 오디오북이,

더욱 유용한 도구가 될 수 있다.

# 한계에도 불구하고 조금 더 살펴보는 오디오북의 가치

오디오북은 그동안 주목받지 못했던 독특한 신경과학적, 심리학적 장점을 지니고 있다. 신경과학 연구들은 청각적 정보 처리가 단순히 '듣기'를 넘어 뇌의 정서적 처리 시스템과 긴밀하게 연결되어 있음을 발견했다. 측두엽의 청각 피질과 감정 처리를 담당하는 변연계 간의 연결은 오디오북만의 독특한 장점을 과학적으로 설명하는 중요한 단서가 된다. 이 연결은 왜 우리가 누군가의 목소리를 통해 이야기를 들을 때 더 깊은 감정적 반응을 경험하는지를 설명해준다.

오디오북은 문학 작품을 감상하는 새로운 방식으로 주목받고 있다. 오디오북의 특징에 대한 연구들은 오디오북이 제공하는 독특한 문학적 경험에 주목한다. 연구자들에 따르면, 오디오북은 특히 시와 희곡 같은 장르에서 작품의 운

율과 리듬감을 직접적으로 전달하는 강점을 갖는다고 한
다. 예를 들어, 셰익스피어의 소네트나 현대시를 감상할
때, 전문 낭독자의 목소리를 통해 작품의 음률미<sup>韻律美</sup>를 더
생생하게 경험할 수 있다는 것이다.[49]

　오디오북은 단순한 '편의성'을 넘어선 교육적 가치를 지
닌다. 특히 문해력이 발달 중인 학습자나 읽기에 어려움을
겪는 학습자들에게 오디오북은 문학 작품에 접근하는 효
과적인 대안이 될 수 있다. 오디오북은 독서의 '대체재'가
아닌 '보완재'로서 활용될 때 그 교육적 효과가 극대화된다.
예를 들어, 텍스트를 읽으면서 동시에 오디오북을 듣는 방
식은 작품의 이해도를 높이는 데 도움이 될 수 있다.

　디코딩 부담의 감소는 오디오북이 가진 주요 장점 중 하
나다. 오디오북 활용은 텍스트 해독 과정에서 발생하는 인
지적 부담을 줄여주어 학습자가 내용 이해에 더 많은 주의
를 기울일 수 있게 한다. 이는 마치 자전거의 보조 바퀴와

같은 역할을 한다. 처음 자전거를 배울 때 보조 바퀴가 균형 잡기의 부담을 덜어주어 페달 밟기와 방향 조절에 집중할 수 있게 하는 것처럼, 오디오북은 텍스트 해독의 부담을 덜어주어 이야기의 흐름과 의미 파악에 더 집중할 수 있게 해준다.

특히 ESL English as Second Language 학습자들의 경우, 오디오북과 텍스트를 동시에 활용하는 방식이 매우 효과적이다. 예를 들어, 영어 학습자가 '해리포터' 시리즈를 읽을 때 텍스트만 읽는다면 생소한 단어와 문장 구조 때문에 이야기의 재미를 충분히 느끼지 못할 수 있다. 하지만 전문 성우가 낭독하는 오디오북을 함께 들으면서 읽는다면, 등장인물들의 감정과 이야기의 분위기를 더 생생하게 느낄 수 있다. 이러한 병행 학습은 텍스트만 학습하는 방식에 비해 어휘 습득과 청해 능력 향상에 큰 도움이 될 뿐만 아니라, 독서에 대한 흥미와 자신감도 함께 높일 수 있다.

자녀들의 독서에서 '어떤 방식으로 읽히는 것이 좋을까' 는 많은 학부모의 고민이다. 최근의 연구들은 이에 대한 흥미로운 시사점을 제공한다. 유아기 문해력과 두뇌발달 연구를 해오고 있는 연구자 허톤과 동료들이 취학 전 아동들을 대상으로 수행한 연구는 특히 주목할 만하다.[50] 이들은 동일한 이야기를 오디오로만 들려주기, 그림책으로 보여주기, 애니메이션으로 보여주기 등 세 가지 방식으로 제시하고 아이들의 뇌 활동을 관찰했다. 연구 결과는 각각의 방식이 아이들의 뇌를 서로 다른 방식으로 자극한다는 점을 보여준다. 이는 한 가지 방식만을 고집하기보다 아이의 상황과 내용에 따라 다양한 방식을 활용하는 것이 바람직하다는 점을 시사한다.

더불어 독일 신경과학자인 데니즈와 동료들의 연구는 자녀들의 독서 방식 선택에서 고려할 만한 중요한 발견을 제시한다.[51] 이들은 귀로 들을 때나 눈으로 읽을 때나 우리 뇌가 이야기의 의미를 처리하는 방식은 크게 다르지 않다는 점을 발견했다. 이는 자녀가 책을 읽든 듣든, 내용을 이해하는 데는 본질적인 차이가 없다는 점을 의미한다. 따라서 자녀가 선호하는 방식을 존중하되, 상황과 목적에 따라 적절한 방식을 선택하도록 안내하는 것이 좋다는 것이다.

오디오북의 가치는 상황과 목적에 따라 재평가될 필요가 있다. 멀티태스킹 환경에서는 한계점이 분명히 존재하지만, 적절한 환경에서 집중해서 청취할 경우 오디오북은 독특한 학습 경험과 가치를 제공할 수 있다. 특히 문학 작품의 감상이나 난독증처럼 특수한 학습 요구를 가진 사람들에게는 효과적인 대안이 될 수 있다. 또한, 오디오북과 텍스트를 병행하는 멀티모달 읽기 방식을 활용하는 것도 좋은 대안이 될 수 있다.

# 오디오북의 효과적 활용법, 멀티모달 읽기와 능동적 청취

오디오북의 가치를 극대화하려면 단순히 듣는 데 그치지 않고 전략적인 접근이 필수적이다. 특히 '멀티모달 읽기'multimodal reading이라는 방법은 오디오북 활용의 새로운 가능성을 열어준다. 멀티모달 읽기는 텍스트를 시각적으로 읽는 동시에 오디오북을 청취하는 방식으로, 시청각 자극을 결합하여 학습 효과를 극대화하는 독서 방법이다. 이를 통해 두 가지 감각 채널을 동시에 활용하면 정보를 더 효과적으로 처리하고 기억할 수 있다.

디지털 기기를 활용한 멀티모달 읽기는 청소년의 문해력 향상에 긍정적인 영향을 미칠 것으로 예상된다. 텍스트와 오디오를 결합한 읽기 방식은 학생들의 어휘력과 독해력 향상에 도움이 될 수 있다. 특히 유치원이나 초등학교 저학년 학생의 경우, 발달 단계상 다양한 감각을 활용한 학습이 효과적일 수 있어 멀티모달 읽기를 통해 의미 있는 학습 성과를 거둘 수 있을 것으로 보인다.

이러한 효과는 중학교 학생들에게도 적용될 수 있다. 멀티모달 읽기는 디지털 환경에 익숙한 학생들의 학습 특성에 부합하며, 전통적 읽기 방식을 보완하는 도구로 활용될 수 있다. 예를 들어, 교과서의 지문을 읽으면서 동시에 관련된 오디오 자료를 듣는 것은 마치 두 개의 다른 감각 채널을 통해 같은 내용을 입체적으로 받아들이는 것과 같다. 이러한 다중 감각 학습은 정보의 이해와 기억을 돕는 데 효과적일 것으로 기대된다. 또한 학생들의 학습 동기를 높이고, 디지털 리터러시 역량을 자연스럽게 향상시키는 데도 도움이 될 수 있다.

난독증 연구를 해오고 있는 우드와 동료들은 오디오북과 텍스트를 동시에 읽는 방식이 읽기 유창성과 이해도 향상에 유의미한 효과가 있음을 보여줬다.[52] 특히 8~12세 아동들을 대상으로 한 12주간의 실험에서, 멀티모달 읽기 그룹은 통제 그룹에 비해 읽기 속도가 평균 23% 향상되었고, 내용 이해도 테스트에서도 17% 높은 점수를 기록했다고 한다.

한편, 능동적 청취active listening도 오디오북 활용의 핵심 전략으로 주목받고 있다. 능동적 청취는 단순 청취를 넘어 내용에 대한 질문 생성, 개인 경험과의 연결, 추론 도출 등 고차원적 인지 과정을 포함한다. 예를 들어, 소설을 듣다가 "이 상황에서 주인공은 왜 그런 선택을 했을까?", "내가 비슷한 상황이었다면 어떻게 했을까?"와 같은 질문을 스스로에게 던지며 듣는 것이다.

능동적 청취는 책 내용의 이해와 기억에 특히 효과적일 수 있다. 청취하는 동안 주기적으로 이해도를 점검하고 내용을 요약하는 활동은 마치 종이책 독서 중 밑줄을 긋거나 메모를 하는 것과 같은 효과를 낼 수 있다. 이는 단순히 귀로 듣기만 하는 수동적 청취와는 달리, 뇌가 정보를 더 깊이 처리하고 장기 기억으로 전환하는 데 도움을 줄 수 있다.

특히 독자가 "지금 들은 오디오북 내용을 한 문장으로 정리한다면?", "이 책 이야기의 핵심 메시지는 무엇일까?", "앞으로 어떤 전개가 이어질까?" 등의 질문을 스스로에게 던지며 청취하는 습관을 들이면, 더욱 효과적인 학습이 이루어질 수 있다. 이러한 능동적 청취 전략은 비단 오디오북 학습뿐만 아니라, 강의 청취나 일상적인 대화에서도 활용할 수 있는 유용한 기술이 될 것이다.

따라서 능동적 청취를 실천하기 위해 구체적인 전략을 활용하는 것이 중요한 의미를 갖는다. 예를 들어, 정기적으로 청취를 잠시 멈추고 내용을 요약하거나, 주요 개념을 자신의 언어로 재구성하는 활동은 이해도와 기억력을 크게 향상시킨다. 또한, 청취 중 떠오르는 질문을 기록하고 이를 나중에 탐구하는 것도 효과적인 방법이다.

　오디오북은 단순한 편리함을 넘어 실질적인 독서 도구로서의 활용 가치도 가지고 있음을 볼 수 있다. 하지만 이러한 가치는 적절한 활용 전략이 동반될 때에만 실현될 수 있다. 특히 멀티태스킹 상황에서 오디오북을 사용할 때는 신중히 접근해야 하며, 가능하면 텍스트와 함께 사용하는 멀티모달 읽기 방식을 활용하는 것이 좋다. 다시 한번 강조하지만 지금까지 연구 결과에 따르면 멀티태스킹 상황에서 오디오북을 활용하면 그 효과는 현저히 저하될 수 있음을 명심할 필요가 있다.

5부

# 가정에서의
# 문해력 교육

# 1장

독서 환경 조성

# 우리 집이 도서관이 된다!

집 안에 있는 책 한 권, 소파 옆의 아늑한 독서 공간, 식탁에서 나누는 책 이야기… 이런 일상적인 요소들이 모여 아이의 미래를 결정짓는 강력한 문해 환경을 만든다. 현대 교육 연구들은 가정의 문해 환경이 아이의 언어 및 인지 발달에 중요한 영향을 미친다는 사실을 잘 보여준다.

책이 있는 집에서 자란 아이들은 얼마나 더 많은 교육을 받을까? 영국의 교육학자 에반스와 그의 동료들은 27개국 70,000명 이상을 대상으로 흥미로운 연구를 수행했다.[53] 이 연구는 가정의 장서량이 자녀의 교육 성취도에 미치는 영향을 분석한 것으로, 그 결과는 많은 부모들에게 시사하는 바가 크다.

연구진이 발견한 가장 놀라운 사실은 집에 약 500권의 책이 있는 가정의 자녀들이 그렇지 않은 가정의 자녀들보다 평균 3.2년 더 많은 교육을 받았다는 점이다. 더욱 주목할 만한 것은 이러한 효과가 부모의 학력이나 직업, 가정의 경제적 수준, 심지어 국가와 관계없이 일관되게 나타났다는 사실이다.

왜 이런 결과가 나타났을까? 연구진은 가정 내 책의 존재가 단순히 물리적인 학습 도구 이상의 의미를 지닌다고 설명한다. 책이 있는 가정 환경은 그 자체로 하나의 '학문적 문화'를 형성하며, 이는 자녀들의 지적 호기심과 학습 동기를 자연스럽게 자극한다는 것이다. 특히 이러한 효과는 사회경제적으로 취약한 가정에서 더욱 뚜렷하게 나타났다.

이 연구는 자녀 교육에서 고민하는 부모들에게 매우 실용적인 시사점을 제공한다. 사교육비를 늘리거나 값비싼 교구재를 구입하는 것보다, 가정 내에 풍부한 독서 환경을 조성하는 것이 자녀의 교육적 성공을 위한 더 효과적인 투자가 될 수 있다는 점을 보여주기 때문이다. 500권이라는 숫자가 다소 부담스럽게 느껴질 수 있다.

하지만 이는 하루아침에 달성해야 할 목표가 아니라, 자녀와 함께 독서하는 습관을 기르면서 점진적으로 늘려갈 수 있는 목표다. 매주 도서관을 방문하거나, 한 달에 한 권씩 책을 구입하는 것부터 시작해보는 것은 어떨까? 중요한 것은 양보다 질이며, 책이 자연스럽게 일상의 일부가 되는 가정 문화를 만드는 것이다.

그러나 단순히 책이 많다고 해서 끝나는 것이 아니다. 아이와 책을 읽을 때 "어떻게 대화하느냐"가 아이의 언어발달을 좌우한다. 하버드 대학의 발달심리학자 캐서린 스노우의 연구는 이를 명확히 보여준다.[54] 그녀는 12년간의 장기 연구를 통해 단순히 책을 많이 읽어주는 것보다, 책을 매개로 한 부모와 자녀의 풍부한 대화가 언어발달에 결정적인 영향을 미친다는 사실을 밝혔다.

아이와 함께 읽을 때 나누는 대화의 질적 수준은 매우 중요하다. 단순히 줄거리를 확인하는 질문보다는 아이의 생각과 경험을 끌어내는 대화를 나누는 것이 어휘력과 독해력 향상에 훨씬 더 효과적이다. 이는 특히 언어발달이 가장 활발한 3~7세 사이의 아이들에게 결정적인 영향을 미칠 수 있다.

더욱 주목할 만한 점은 이러한 대화가 단순히 언어능력을 넘어 아이의 전반적인 사고력 발달에도 긍정적인 영향을 미친다는 것이다. 예를 들어, "토끼가 왜 그렇게 슬펐을까?", "네가 토끼였다면 어떻게 했을 것 같아?"와 같은 질문은 아이가 타인의 감정을 이해하고 공감하는 능력을 키우는 데 도움이 된다. 또한 "이 문제를 어떻게 해결하면 좋을까?", "왜 그렇게 생각하니?"와 같은 질문들은 아이의 문제해결 능력과 논리적 사고력을 발달시키는 데 기여할 수 있다.

이처럼 책을 매개로 한 풍부한 대화는 아이가 자신의 생각을 정리하고 표현하는 연습을 할 수 있는 안전하고 효과적인 기회를 제공한다. 이는 마치 정원사가 어린 나무의 가지를 적절히 가꾸어주는 것처럼, 아이의 사고와 언어능력이 균형 있게 자랄 수 있도록 돕는 과정이라고 할 수 있다.

더불어 교육심리학의 많은 연구는 정서적 환경의 중요성을 강조한다. 독서가 즐거운 활동으로 여겨지는 가정의 아이들이 더 높은 읽기 동기와 이해력을 보인다는 것이다. 이는 강요나 의무가 아닌, 즐거움으로서의 독서 문화를 만드는 것이 얼마나 중요한지를 보여준다. 특히 부모가 독서의 롤모델이 되어주는 것이 아이들의 독서 습관 형성에 결정적인 영향을 미친다는 점도 밝혀졌다. 교육심리학자 윌링햄은 독서를 즐거운 활동으로 경험한 아이들이 그렇지 않은 아이들보다 훨씬 높은 읽기 이해력과 지속성을 보인다는 점을 밝힌 바 있다.[55]

책 읽는 부모의 모습은 자녀의 읽기 습관 형성에 강력한 영향을 미친다. 부모가 정기적으로 책을 읽는 모습을 보여주는 가정의 자녀들은 더 높은 읽기 동기를 가지게 되며, 이러한 긍정적인 영향은 초등학교 고학년까지 지속되는 것으로 보인다. 이는 마치 건강한 식습관이 자연스럽게 전수되는 것과 같은 원리다. 부모가 매일 야채를 즐겨 먹는 모습을 보여주면 아이들도 자연스럽게 야채를 좋아하게 되는 것처럼, 부모가 책 읽기를 일상적으로 즐기는 모습을 보여주면 아이들도 독서를 자연스러운 생활의 일부로 받아들이게 된다.

특히 주목할 만한 점은 부모가 독서를 강요하지 않고 자연스러운 일상으로 보여줄 때 그 효과가 가장 크다는 것이다. 예를 들어, "너는 왜 책을 안 읽니?"라고 다그치는 대신, 소파에서 편안하게 책을 읽거나, 식사 시간에 재미있게 읽은 책 내용을 이야기하는 등 독서가 즐거운 활동이라는 것을 자연스럽게 보여주는 것이 효과적이다. 이러한 모습은 아이들에게 독서가 의무나 과제가 아닌, 즐거운 여가 활동이 될 수 있다는 메시지를 전달한다.

공동 독서shared reading는 아동의 전인적 발달에 매우 중요한 영향을 미친다. 가족이 함께 하는 독서 활동은 아동의 언어 발달과 읽기 이해력 향상에 개별 독서보다 더 큰 효과를 보이는 것으로 알려져 있다. 이는 마치 혼자서 운동하는 것보다 함께 운동할 때 더 큰 동기부여와 지속성을 가지게 되는 것과 비슷한 원리라고 할 수 있다.

뇌 발달 측면에서도 공동 독서의 효과는 매우 흥미롭다. 부모와 함께 하는 독서 활동은 아동의 전전두엽 활성화를 증가시키는 것으로 보인다. 이는 공동 독서 과정에서 일어나는 다양한 상호작용 때문이다. 예를 들어, 부모가 "이 캐릭터는 왜 그렇게 행동했을까?", "다음에는 어떤 일이 일어날 것 같아?"와 같은 질문을 던지면, 아이는 이야기의 맥락을 파악하고, 등장인물의 의도를 추론하며, 앞으로의 전개를 예측하는 등 복잡한 사고 과정을 경험하게 된다. 전전두엽은 이러한 고차원적 사고와 감정 조절을 담당하는 뇌의 영역으로, 이러한 활발한 상호작용은 아동의 추론능력과 공감능력 발달에 긍정적인 영향을 미칠 수 있다. 함께 읽기를 통한 풍부한 인지적 자극이 뇌의 특정 영역을 더욱 활발하게 발달시킬 수 있다는 것이다.

# 디지털 시대의 슬기로운 문해환경 조성법

아이의 문해력 발달에 있어 적절한 환경 조성의 중요성은 아무리 강조해도 지나치지 않다. 이는 마치 정원을 가꾸는 일과 같다. 좋은 씨앗이라도 척박한 토양에서는 제대로 자랄 수 없듯이, 아이의 문해력도 적절한 환경 없이는 온전히 꽃피울 수 없다. 이제 우리는 이러한 연구 결과들을 기반으로 실제 가정의 문해환경을 어떻게 만들 수 있을까?

첫째, 가정에서 '책과 함께 사는 공간'을 디자인해보자. 거실의 한켠이나 아이 방 일부를 아이와 함께 꾸미는 것으로 시작한다. 이때 중요한 것은 '보여주기'가 아닌 '함께하기'다. 아이와 상의하여 좋아하는 색깔의 쿠션을 고르고, 손이 닿는 높이에 작은 책장을 두어 언제든 책을 꺼내 볼 수 있게 한다. 조명은 자연광이 좋고, 저녁에는 눈이 피로하지 않은 따뜻한 색감의 스탠드를 활용한다. 특히 부모가 읽는 책과 아이의 책을 나란히 배치하여 '우리 가족의 도서관'이라는 인식을 심어주는 것이 좋다. 이렇게 조성된 공간은 단순한 독서 공간을 넘어 가족이 함께 이야기 나누는 소통의 장이 될 것이다.

물리적 환경은 아동의 독서 행동에 중요한 영향을 미친다. 편안한 독서 공간이 있는 가정의 아이들은 그렇지 않은 가정의 아이들보다 자발적으로 책을 읽는 빈도가 훨씬 더 높은 것으로 나타난다. 이는 마치 어린이들을 위한 놀이터가 있는 공원에 아이들이 더 자주 가고 싶어하는 것과 같은 원리라고 할 수 있다. 책과의 물리적 거리가 가까울수록, 그리고 독서 환경이 편안할수록 아이들은 자연스럽게 책에 관심을 보이게 된다.

이러한 독서 친화적 환경의 조성은 단순히 책을 많이 읽게 하는 것을 넘어, 아이들이 독서에 대해 긍정적인 감정을 형성하는 데도 도움을 준다. 이는 마치 아이의 방에 좋아하는 장난감을 쉽게 꺼내 놀 수 있게 정리해두면 자연스럽게 그 장난감을 더 자주 가지고 노는 것처럼, 책도 쉽게 접근하고 편안하게 읽을 수 있는 환경이 조성되면 자연스럽게 더 자주 책을 찾게 되는 것이다.

반면 미디어 환경은 아이들의 독서 활동에 부정적인 영향을 미칠 수 있다. TV나 태블릿이 쉽게 접근할 수 있는 위치에 있는 환경의 아이들은 그렇지 않은 아이들에 비해 현저히 적은 시간을 독서에 할애하는 것으로 보인다. 이는 마치 다이어트 중인 사람의 눈앞에 달콤한 디저트가 놓여있는 것과 같은 상황이라고 할 수 있다.

특히 주목할 만한 점은 미디어 기기의 단순한 존재만으로도 아이들의 주의력과 독서 몰입도가 저하될 수 있다는 것이다. 예를 들어, 책을 읽고 있는 공간에 TV가 켜져 있지 않더라도, 리모컨이 손에 닿는 거리에 있다는 사실만으로도 아이의 주의력이 분산될 수 있다. 이는 우리 뇌가 즉각적인 만족감을 주는 자극에 민감하게 반응하기 때문이다.

이러한 현상은 독서 공간을 조성할 때 미디어 기기의 배치에 대해 신중히 고려해야 함을 시사한다. 독서 전용 공간을 만들거나, 적어도 독서 시간에는 미디어 기기가 시야에서 벗어나도록 하는 등의 세심한 환경 조성이 필요할 것이다. 이는 마치 공부에 집중하기 위해 휴대폰을 다른 방에 두는 것과 같은 원리라고 할 수 있다.

둘째, 쉽지 않겠지만 매일 저녁 15~20분이라도 '가족 독서 시간'을 가져보자. TV를 끄고, 모든 가족이 각자의 책을 읽거나 함께 한 권의 책을 읽는 시간을 갖는 것이다. 매일 저녁 이루어지는 정기적인 가족 독서 시간은 아이들의 읽기 능력 발달에 매우 효과적이다. 하루 15~20분 정도의 규칙적인 가족 독서 시간을 갖는 가정의 아이들은 더 높은 읽기 성취도를 보인다. 이는 마치 매일 조금씩 꾸준히 하는 운동이 불규칙적인 운동보다 더 큰 효과를 가져오는 것과 같은 원리라고 할 수 있다.

특히 주목할 만한 것은 이러한 독서 시간의 질적 측면이다. 가족 독서 시간이 강제나 의무가 아닌 즐거운 활동으로 인식될 때 그 교육적 효과가 가장 크다는 점이 흥미롭다. 예를 들어, "이제 책 읽을 시간이야!"라고 말하며 아이들이 기대감을 가지고 모여드는 가정과, "숙제하듯이 책 읽고 와"라고 말하는 가정에서는 독서의 효과가 매우 다르게 나타날 수 있다.

독서를 즐거운 가족 활동으로 경험한 아이들은 스스로

책을 찾아 읽는 시간이 크게 증가하며, 이러한 독서 습관이 오랫동안 지속되는 경향을 보인다. 이는 마치 어릴 때 가족과 함께 한 즐거운 운동 경험이 평생의 취미가 되는 것처럼, 가족과 함께한 긍정적인 독서 경험이 평생의 독서 습관으로 이어질 수 있음을 시사한다. 따라서 가족 독서 시간을 정할 때는 시간의 양뿐만 아니라, 그 시간이 얼마나 즐겁고 의미 있는 시간이 될 수 있을지에 대해서도 충분히 고려할 필요가 있다.

마지막으로 '주말 독서 대화'는 자녀의 독서 경험을 풍성하게 만드는 효과적인 방법이 될 수 있다. 구체적인 대화 전략은 다음과 같이 활용해볼 수 있다. 우선, 이야기의 내용과 아이의 경험을 연결하는 질문으로 시작하는 것이 좋다. "이 책의 주인공이 겪은 일과 비슷한 경험이 있니?", "네가 주인공이었다면 어떤 기분이었을 것 같아?"와 같은 질문은 아이가 이야기에 더 깊이 공감하고 몰입하도록 돕는다. 이는 단순히 줄거리를 확인하는 것을 넘어, 아이가 자신의 경험과 감정을 이야기와 연결시키는 기회를 제공한다.

다음으로, 추론과 예측을 유도하는 질문을 활용할 수 있다. "주인공이 왜 그런 선택을 했을까?", "이 다음에는 어떤 일이 일어날 것 같아?"와 같은 질문은 아이의 상상력과 논리적 사고력을 자극한다. 이때 중요한 것은 아이의 대답을 재촉하지 않고 충분히 생각할 시간을 주는 것이다.

또한 비판적 사고를 촉진하는 질문으로 대화를 발전시킬 수 있다. "이 이야기에서 가장 중요한 메시지는 무엇일까?", "다른 방법으로 문제를 해결할 수는 없었을까?"와 같은 질문은 아이가 이야기를 더 깊이 있게 이해하고 분석하는 데 도움을 준다. 이러한 대화는 자연스럽게 아이의 생각을 확장시키고 표현력을 향상시키는 기회가 된다.

중요한 점은 이러한 대화가 시험이나 평가가 아닌, 즐거운 소통의 시간이 되어야 한다는 것이다. 틀린 답이나 이상

한 생각은 없다는 것을 아이가 느낄 수 있도록 하며, 아이의
모든 반응에 관심을 보이고 존중하는 태도를 보여주는 것
이 중요하다.

## 우리 가정의 디지털 디톡스

현대 사회에서 디지털 기기는 마치 우리 몸의 일부처럼
되어버렸다. 잠에서 깨어나 가장 먼저 하는 일이 스마트폰
확인이고, 지하철에서도, 식사 시간에도, 심지어 잠들기 직
전까지도 우리는 끊임없이 화면을 들여다본다. 이러한 디
지털 과잉의 시대에서, '디지털 디톡스'는 단순한 트렌드가
아닌 문해력 회복을 위한 필수적인 실천이 되어가고 있다.

신경과학 연구들은 디지털 기기로부터의 일시적 단절이

우리 뇌의 읽기 회로를 어떻게 활성화시키는지 보여준다. 하루 중 단 1~2시간만이라도 디지털 기기 없이 독서에 집중할 때, 뇌의 언어 처리 영역과 깊은 사고를 담당하는 전전두엽이 현저히 활성화된다는 것이다. 특히 성장기 아이들의 경우, 이러한 디지털 휴식 시간은 문해력 발달의 결정적 기회가 된다.

  구체적으로, 문해력 연구자인 울프의 연구는 지속적인 독서 활동이 뇌의 언어 처리 영역과 전전두엽의 활성화를 증가시킨다는 점을 밝혔다. 특히 이 연구는 디지털 기기 사용을 제한하고 독서에 집중할 때 이러한 효과가 더욱 뚜렷하게 나타난다는 점을 보고했다.[56] 델거와 동료들의 연구는 디지털 기기를 이용한 독서보다 종이책을 이용한 독서 활동을 한 아동들 더 높은 문해력 향상을 보여준다는 것을 확인한 바 있다. 이들의 연구는 특히 디지털 기기로부터의 의식적인 단절이 아동의 읽기 이해력과 집중력 발달에 긍정적인 영향을 미친다는 점을 보여준다.[57]

  실제로 문해력 향상을 위한 디지털 디톡스는 다음과 같은 구체적인 방법으로 시작할 수 있다.

  첫째, '독서 전용 공간'을 만드는 것이다. 거실 한켠에 포근한 쿠션과 따뜻한 조명이 있는 아늑한 독서 공간을 마련하자. 이곳에는 엄선된 책들과 독서 노트만 두고, 절대로 디지털 기기를 반입하지 않는다는 규칙을 정한다. 이러한 공간은 자연스럽게 깊이 있는 읽기를 유도하며, 문해력 발달을 위한 최적의 환경을 제공한다.

  교육계에서 오랫동안 축적된 관찰과 연구 결과들을 살펴보면, 디지털 기기로부터 분리된 전용 독서 공간의 중요성이 지속적으로 확인되어 왔다. 특히 주목할 만한 점은, 이러한 독서 전용 공간이 있는 가정의 아이들에게서 더 높은 독서 집중도와 이해력이 관찰된다는 것이다. 더불어 아늑한 조명과 편안한 좌석과 같은 물리적 환경 요소들은 아이들의 자발적인 독서 동기를 자극하여, 결과적으로 독서 시간의 자연스러운 증가로 이어지는 것이다. 이는 아이들의 독서 습관 형성에 있어 환경 요인이 얼마나 중요한 역할을 하는지를 분명하게 보여주는 사례라 하겠다.

둘째, 가족이 함께하는 '문해력 시간'을 정해보는 것이 효과적이다. 저녁 식사 후나 주말 오전처럼 모든 가족이 함께할 수 있는 시간대를 선택하여 독서와 토론의 시간을 가진다. 같은 책을 읽고 의견을 나누거나, 각자 읽은 책의 내용을 공유하면서 비판적 사고력과 표현력을 함께 키울 수 있다. 가족 독서 시간의 효과도 주목할 만하다. 가정독서와 관련한 연구 결과들은 정기적인 가족 독서 시간을 갖는 가정의 아이들이 그렇지 않은 가정의 아이들보다 더 높은 수준의 비판적 사고력을 보인다는 점을 확인한 바 있다. 또한 자신의 생각을 표현하는 능력도 뛰어나다는 것이 일반적 결과다.

마지막으로, 취침 전 30분에서 1시간 정도를 '독서 시간'

으로 정하는 것도 매우 효과적이다. 수면 연구들에 따르면, 잠들기 전 스마트폰의 블루라이트 노출은 수면의 질과 인지 기능에 부정적 영향을 미친다고 한다. 대신 잠들기 전 책을 읽는 시간을 가지면, 더 깊은 수면과 함께 읽은 내용의 장기 기억 형성에도 도움이 된다. 구체적인 연구물로 수면 연구자인 창과 동료들의 연구는 취침 전 30분 이상의 디지털 기기 사용이 수면의 질을 저하시키는 반면, 같은 시간 독서를 한 경우 수면의 질이 개선되고 학습 내용의 장기 기억 형성이 촉진된다는 점을 보여주었다. [58]

디지털 디톡스는 단순히 디지털 기기를 멀리하는 것이 아니다. 이는 우리의 뇌가 본연의 문해력을 회복하고, 깊이 있는 사고를 할 수 있는 기회다. 특히 아이들에게는 다음과 같은 문해력 발달의 기회를 제공한다.

첫째, '감정과 사회성' 발달의 기회다. 얼다 T. 울스[Uhls et al.](2014)의 연구에서는 디지털 디톡스 캠프에 참여한 청소년들을 대상으로 연구를 진행했다. 실험군의 청소년들은 5일간 스마트폰과 TV 등 모든 전자기기의 사용을 중단했는데, 이 기간 동안 타인의 표정과 몸짓에서 감정을 읽어내는 비언어적 의사소통 능력이 현저히 향상되었다. 또한 한 가지 과제에 대한 집중 시간이 평균 30% 증가한 것으로 나타났다. 연구진들은 이러한 결과가 면대면 상호작용의 증가와 밀접한 관련이 있다고 분석했다.

둘째, '깊이 있는 읽기' 향상의 기회다. 노르웨이 인지심리학자인 맹겐 연구팀의 2019년 연구는 '깊이 있는 읽기'와 관련하여 흥미로운 결과를 제시한다. [59] 해당 연구에서는 종이책과 킨들로 동일한 텍스트를 읽게 했을 때, 일반적인 이해도나 몰입도에서는 차이가 없었으나, 텍스트의 시간적·공간적 구조 파악에서 종이책이 더 효과적이었음을 보여주었다.

특히 사건의 시간적 순서를 기억하고 텍스트 내 특정 내용의 위치를 파악하는 능력에서 종이책 독자들이 더 우수한 성과를 보였다. 이는 단순한 내용 이해를 넘어서는 '깊이 있는 읽기'에서 종이책의 물리적 특성이 중요한 역할을 한다는 점을 시사한다. 이러한 연구 결과는 디지털 매체의 편리성에도 불구하고, 깊이 있는 독서를 위해서는 종이책이 제공하는 고유한 가치가 여전히 중요하다는 점을 뒷받침한다.

셋째, '정보 처리' 능력 향상의 기회다. 이정기, 김효은(2022)의 연구는 하루 2시간 이상 스마트폰 사용을 제한한 중학생 그룹에서 6개월 후 문장 요약 능력과 핵심 정보 파악 능력이 대조군에 비해 유의미하게 향상되었음을 보고했다.

# 책 읽는 부모가 만드는
# 책 읽는 아이

　우리는 종종 "아이들은 부모의 등을 보고 자란다"라는 말을 한다. 문해력 발달에서 이 말은 더욱 절실한 진리로 다가온다. 마치 거울처럼, 아이들은 부모의 모든 행동과 태도를 섬세하게 반영하며 성장한다. 특히 독서 습관과 학습 태도는 말로 가르치는 것보다 보여주는 것이 훨씬 더 강력한 영향을 미친다. 이것이 바로 자녀 교육에서 부모의 역할이 그토록 중요한 이유다.

　부모의 행동이 미치는 영향력은 실로 놀랍다. 매일 저녁 스마트폰을 보며 시간을 보내는 부모와, 소파에 편안히 앉아 책을 읽는 부모 사이에는 큰 차이가 있다. 전자의 경우, 아무리 "책을 읽어야 한다"고 강조해도 그 메시지는 공허하게 들릴 수밖에 없다. 이는 마치 채소를 먹으라고 하면서 정작 본인은 패스트푸드만 먹는 부모의 모습과 다르지 않다. 아이들의 예리한 눈은 이러한 불일치를 즉각적으로 감지하며, 이는 교육의 효과를 크게 감소시킬 수 있다.

이것이 바로 '숨겨진 교육과정'의 힘이다. 우리가 의도적으로 가르치려 하는 것보다, 무의식적으로 보여주는 행동이 더 강력한 교육 효과를 발휘하는 것이다. 만약 부모가 퇴근 후 TV 대신 책을 선택하고, 주말 아침 스마트폰 대신 신문이나 잡지를 펼친다면, 그것은 어떤 말보다도 강력한 메시지가 된다. 이러한 일상적인 모습들이 쌓여 아이들의 가치관과 습관을 형성하게 된다.

자녀의 독서동기 형성에서 가장 중요한 것은 바로 부모의 역할이다. 교육심리학자 베이커와 동료들의 연구에 따르면, 어린 시절 독서에 대한 긍정적인 경험이 있는 아이들은 이후에도 자발적이고 폭넓은 독서를 하게 된다.[60] 특히 부모와 함께하는 책읽기 활동에서 정서적으로 긍정적인 경험을 한 아이들은 독서에 더 큰 흥미를 보이고 즐거운 활동으로 인식하게 된다.

　부모의 독서에 대한 신념과 태도 또한 매우 중요하다. 독서를 즐거움의 원천으로 생각하는 부모의 자녀들은 그렇지 않은 부모의 자녀들보다 독서에 대해 더 긍정적인 태도를 보인다. 이는 소득 수준과 관계없이 일관되게 나타나는 현상으로, 부모가 자녀와 함께 하는 독서 활동의 질적인 측면이 양적인 측면보다 더 중요할 수 있음을 시사한다.

　특히 주목할 점은 스토리북 읽기를 통한 상호작용의 정서적 측면이다. 연구 결과에 따르면, 책읽기 과정에서의 긍정적인 정서적 경험은 유치원생들의 1학년 때의 독서 동기와 유의미한 관련이 있었다. 이는 부모가 자녀와 함께 책을 읽을 때 단순히 내용 전달에만 초점을 맞추기보다는, 따뜻하고 즐거운 상호작용의 기회로 활용하는 것이 중요함을 보여준다.

책 읽는 부모의 모습은 자녀의 읽기 습관 형성에 강력한 영향을 미친다.
소파에 앉아서 핸드폰만 하는 부모, 책 읽는 부모.

아이는 부모의 다양한 모습을 보고 자란다.

하지만 여기서 주의할 점은, 이러한 역할 모델링이 강요나 과시가 되어서는 안 된다는 것이다. 자녀의 독서동기 형성에서 학부모의 영향력은 매우 중요하다. 클라우다[Klauda]의 연구에 따르면, 학부모의 독서 지원이 청소년기 자녀들의 독서 동기와 활동에 긍정적인 영향을 미치는 것으로 나타났다.[61] 특히 주목할 점은 유아기나 초등 저학년 시기뿐만 아니라 청소년기에도 학부모의 역할이 여전히 중요하다는 것이다.

연구 결과, 독서를 즐기는 청소년들의 대다수는 부모와 독서 경험을 공유하고 있었다. 이들의 부모는 자녀와 함께 책을 토론하고, 책 선택을 도우며, 가정 도서관을 만드는 등 적극적으로 독서를 지원했다. 또한 부모 자신이 독서를 즐기는 모습을 보여주는 것도 자녀의 독서 동기 형성에 중요한 영향을 미쳤다.

청소년기 자녀의 독서 지원 방식은 더 어린 시기와는 달라야 한다. 연구에 따르면, 청소년들은 부모와 공통의 관심사에 대한 책이나 글을 공유하고 토론하는 것을 선호했다. 또한 부모가 독서의 즐거움과 가치를 자연스럽게 전달할 때 더 효과적이었다. 반면 지나친 통제나 강요는 오히려 부정적인 영향을 미칠 수 있다.

흥미로운 점은 부모의 독서 지원이 자녀의 전반적인 학업 성취도와도 연관된다는 것이다. 독서를 통한 부모와의 긍정적인 상호작용은 자녀의 독서 동기를 높이고, 이는 더 많은 독서로 이어져 결과적으로 학업 능력 향상으로 이어지는 선순환을 만든다.

따라서 학부모들은 자녀의 독서 습관 형성에 있어 자신의 역할이 매우 중요하다는 점을 인식할 필요가 있다. 특히 청소년기에도 지속적인 관심과 지원이 필요하며, 이때는 통제보다는 독서의 즐거움을 함께 나누는 방식으로 접근하는 것이 효과적이다. 자녀와 함께 책을 읽고 이야기를 나누는 시간을 가짐으로써, 평생 독자로 성장할 수 있는 토대를 마련해줄 수 있다.

　결국, 문해력 발달에서 가장 강력한 선생님은 바로 부모의 일상적인 모습이다. 우리가 매일 보여주는 작은 행동들이 모여 아이의 미래를 만든다. 책을 사랑하는 부모 밑에서 자란 아이는 자연스럽게 책을 사랑하게 되고, 이는 평생의 자산이 되어 그들의 삶을 풍요롭게 할 것이다. 이것이 바로 말보다 강력한 '보이지 않는 교육'의 힘이며, 문해력 발달의 가장 큰 비밀이다. 부모가 보여주는 작은 실천 하나하나가 아이들의 미래를 밝히는 소중한 씨앗이 된다는 것을 항상 기억해야 할 것이다.

# "무엇이든 말해도 괜찮아" 심리적 안전감 키워주기

우리 아이의 문해력 성장에는 눈에 보이지 않는 중요한 자양분이 있다. 바로 심리적 안전감이다. 불안하거나 위축된 상태에서는 뇌가 방어 모드로 전환되어 새로운 학습에 어려움을 겪게 된다. 반면 심리적으로 안전하다고 느낄 때 아이의 뇌는 호기심과 도전을 향해 열리게 된다.

마치 어린 새가 안전한 둥지가 있기에 날갯짓을 시도할 수 있는 것처럼, 아이들도 안전한 심리적 환경이 있을 때 비로소 진정한 배움의 날개를 펼칠 수 있다. 새로운 단어를 만나고, 어려운 문장에 도전하고, 때로는 실수하면서 배우는 과정에서 "괜찮아, 다시 해보자"라는 따뜻한 지지가 있다면 아이는 더 큰 용기를 내어 도전하게 된다.

이러한 안전감은 아이의 문해력 발달에 있어 가장 기본적이면서도 핵심적인 토대가 된다. 책을 읽다가 모르는 단어가 나와도 편안하게 질문할 수 있고, 글의 내용을 완벽하게 이해하지 못해도 실망하지 않고 다시 도전할 수 있는 심리적 여유가 바로 그것이다.

아이들의 독서 성취는 인지적 능력뿐만 아니라 정의적 요인과도 밀접한 관련이 있다. 교육학자 맥게온McGeown 등의 연구에 따르면, 초등학교 저학년 시기부터 독서에 대한 태도와 자신감이 읽기 능력과 상관관계를 보이는 것으로 나타났다.[62] 특히 주목할 점은 이 시기 아이들이 대체로 독서에 대해 긍정적인 태도를 보인다는 것이다. 연구 결과, 6~7세 아이들의 약 68%가 높은 수준의 독서 태도를, 70% 이상이 높은 독서 자신감을 보였다.

이는 부모들에게 중요한 시사점을 제공한다. 아이들이 독서에 대해 긍정적인 태도를 형성하는 결정적 시기에 부

모의 역할이 매우 중요하기 때문이다. 연구진은 초기 독서
지도의 목표가 단순히 읽기 기술을 가르치는 것을 넘어 독
서에 대한 긍정적 태도를 발달시키는 것이어야 한다고 강
조한다. 이는 부모가 가정에서 해야 할 중요한 역할이다.

　문해력은 단순히 글자를 읽고 쓰는 기술이 아니다. 그것
은 마치 퍼즐을 맞추듯 의미를 찾아가는 여정이며, 때로는
미로를 탐험하듯 새로운 해석을 시도하는 모험이다. 이러
한 도전적인 과정에서 가장 필요한 것은 실수해도 괜찮다
는 안전감이다. 아이들이 자유롭게 생각하고, 질문하고, 때
로는 틀릴 수 있는 환경이 마련되어야 진정한 배움이 시작
될 수 있다.

　예를 들어, 아이가 동화책을 읽다가 "엄마, 이 이야기 속
주인공이 왜 이런 선택을 했을까요?"라고 질문했다고 생각
해보자. 이때 부모가 "글쎄, 너는 어떻게 생각해?"라고 물
으며 아이의 생각을 경청하고, 설령 그 해석이 일반적이지

않더라도 "그런 관점도 있을 수 있겠네. 엄마는 이렇게 생각했는데, 우리 함께 이야기해볼까?"라고 반응한다면, 아이는 더욱 자신감 있게 자신의 생각을 표현하게 될 것이다. 이러한 긍정적인 상호작용은 아이의 생각하는 힘과 표현하는 용기를 동시에 키워준다.

이러한 안전한 대화의 경험들이 쌓이면서, 우리 집은 점차 '생각의 실험실'로 변모하게 된다. 거실 한켠에는 가족들이 돌아가며 써 붙인 책 속 인상적인 문구들이 벽을 장식하고, 식탁에서는 오늘 읽은 책에 대한 이야기가 저녁 식사의 양념이 된다.

이것이 바로 '독서 족적<sup>지나온 과거의 여정을 비유적으로 이르는 말</sup> 남기기'의 실천이다. 마치 등산로에 새겨진 발자국처럼, 이러한 흔적들은 우리 가족의 문해력 여정을 기록하는 소중한 이정표가 되며, 아이들에게 배움의 과정이 자연스러운 일상의 일부라는 메시지를 전달한다.

한 가지 재미있는 시도는 '가족 독서 다이어리'를 만드는 것이다. 두꺼운 노트에 가족 구성원 각자가 읽은 책, 또는 같은 책을 읽으면서 책 내용에 대한 생각을 자유롭게 적어 보는 것이다. 누군가는 그림을 그리고, 다른 누군가는 짧은 감상을 쓰고, 또 다른 누군가는 궁금한 점을 적어둔다. 아이들은 부모가 책을 읽고 생각을 나누는 모습을 보며 자연스럽게 독서의 즐거움을 배우게 된다.

예를 들어, 아빠가 읽은 과학책의 흥미로운 내용을 그림으로 표현하고, 엄마는 소설 속 인상 깊은 구절을 적어두며, 아이는 자신이 읽은 동화책 속 궁금한 점을 써놓는다. 이런 과정에서 아이들은 책이 단순히 숙제가 아닌 재미있는 대화 소재가 될 수 있다는 것을 깨닫는다. 이렇게 쌓여가는 기록들은 단순한 독서 일지를 넘어, 우리 가족만의 특별한 지적 교류의 장이 된다. 이러한 공유의 경험은 아이들에게 읽기와 쓰기가 단순한 학습이 아닌, 의미 있는 소통의 도구라는 것을 자연스럽게 깨닫게 해준다.

특히 디지털 시대에서는 이러한 심리적 안전감의 중요성이 더욱 커진다. 온라인상의 즉각적인 피드백과 평가에 노출된 아이들에게, 가정은 실수하고 시행착오를 겪을 수 있는 안전한 피난처가 되어야 한다. 이를 위해 부모는 아이의 속도를 존중하고, 개별적인 관심사와 학습 스타일을 인정하며, 무엇보다 과정을 중시하는 태도를 보여주어야 한다.

결국, 우리 아이의 문해력 발달을 위한 최고의 심리적 환경은 '무엇이든 이야기해도 괜찮아'라는 지지적 환경을 만드는 것이다. 이곳에서 아이들은 단순히 지식을 습득하는 것을 넘어, 생각하는 즐거움을 발견하고, 표현하는 용기를 키우며, 궁극적으로는 평생 학습자로서의 기초를 다지게 될 것이다. 이러한 안전하고 지지적인 환경 속에서, 우리 아이들은 자신만의 속도로, 하지만 끊임없이 성장해나갈 수 있을 것이다.

# 2장

독서 지도 방법

# 좋은 책이냐,
# 좋아하는 책이냐?

"우리 아이가 만화책만 보는데 괜찮을까?" 많은 부모들이 이런 고민을 한다. 아이들의 독서에서 가장 중요한 것은 읽기의 즐거움을 경험하는 것이다. 자신이 좋아하는 책을 스스로 선택하고 읽을 때, 아이들은 독서에 대한 주도성과 자신감을 키울 수 있다.

만화책이든, 그림책이든, 소설이든, 아이가 스스로 선택한 책은 특별한 의미가 있다. 자기 선택을 통해 아이들은 자신의 관심사를 탐색하고, 독서의 자발성을 기를 수 있기 때문이다. 처음에는 만화책만 고집하던 아이들도, 독서의 즐거움을 충분히 경험하면서 자연스럽게 다양한 장르의 책으로 관심을 넓혀가는 경우가 많다.

프랑스의 인지신경과학자 드앤은 자신의 책《글 읽는 뇌》에서 흥미로운 연구 결과를 제시했다.[63] 독자가 흥미를 느끼는 텍스트를 읽을 때 뇌의 보상 체계가 활성화되며, 이는 학습과 기억 형성에 긍정적인 영향을 미친다는 것이다. 특히 아동·청소년기에 이러한 효과가 더욱 두드러지게 나타났다.

크라셴의 광범위한 독서 연구는 더욱 주목할 만한 결과를 보여준다. 그의 책《읽기 혁명》에서 제시된 30년간의 연구 결과에 따르면, 자발적 독서를 한 학생들은 어휘력, 독해력, 작문 능력, 문법 활용 능력에서 일관되게 높은 성취도를 보였다.[64] 특히 흥미로운 점은 처음에는 만화책이나 가벼운 소설을 읽던 학생들도 시간이 지나면서 자연스럽게 더 복잡한 텍스트로 독서 영역을 넓혀갔다는 것이다.

특히 디지털 시대를 살아가는 현재 청소년들의 독서 양상에 대해 매리언 울프는 자신에 책에서 중요한 통찰을 제공한다.[65] 디지털 기기의 빠른 정보 전달에 익숙한 아이들에게 자신이 좋아하는 책을 중심으로 한 깊이 있는 독서는 더욱 소중한 경험이 되며, 이는 뇌의 '딥 리딩 회로 발달'에 필수적이라는 것이다.

이러한 연구 결과들은 부모의 역할에 대해서도 새로운 관점을 제시한다. '좋은 책'을 강요하기보다는 아이의 독서 선택을 존중하고 지원하는 것이 더 효과적이다. 다만 여기서 중요한 것은 '방임'이 아닌 '지원'이다. 아이의 현재 관심사와 연결된 다양한 독서 자료를 자연스럽게 노출시키고, 독서에 대한 대화를 나누며, 함께 책을 읽는 독서 문화를 만들어가는 것이 바람직하다.

결국 진정한 의미의 '좋은 책'이란 무엇일까? 그것은 아마도 아이가 즐겁게 읽을 수 있는 책, 그래서 더 많은 책을 읽게 만드는 책일 것이다. 연구 결과들이 보여주듯, 독서의 즐거움을 경험한 아이들은 자연스럽게 더 넓은 독서의 세

계로 나아간다. 오늘날처럼 다양한 미디어가 경쟁하는 시
대에 책을 자발적으로 읽는다는 것, 그것만으로도 충분히
의미 있는 일이다.


## 책 읽을 선택의 자유 보장하기


아이에게 책을 읽으라고 강요했던 경험이 있는 부모라
면, 그것이 얼마나 역효과를 낳는지 잘 알고 있을 것이다.
"하루에 30분은 꼭 책을 읽어야 해"라는 말은 오히려 아이의
마음속에 책에 대한 거부감을 심어줄 수 있다. 이는 마치 맛
있는 음식도 "꼭 먹어야 해"라는 말과 함께 오면 갑자기 맛
없어지는 것과 같은 이치다. 즐거워야 할 독서가 의무가 되
는 순간, 그것은 이미 교육의 본질을 잃어버리게 된다.

심리학에서는 이를 '심리적 반발'psychological reactance 현상이

라고 설명한다. 심리적 반발은 자유 행동에 대한 위협이나 상실을 경험할 때 나타나는 불쾌한 동기 부여의 각성 상태를 의미한다. 우리는 누군가가 우리의 선택권을 제한하려 할 때 본능적으로 저항감을 느낀다. 어린이들도 마찬가지다. "독서는 너의 의무야"라는 메시지를 받으면, 아이들은 자연스럽게 그것을 거부하려 한다. 더 우려되는 점은 이러한 부정적 경험이 평생의 독서 습관에 영향을 미친다는 것이다. 최근 연구에 따르면, 어린 시절 책 읽기를 강요받은 아이들이 성인이 되어서도 자발적으로 책을 찾지 않는다고 한다.

그렇다면 어떻게 해야 할까? 해답은 의외로 단순하다. 아이들에게 '선택의 자유'를 주는 것이다. 주말 오후, "우리 도서관에 가볼까?"라는 제안은 "오늘은 꼭 책을 읽어야 해"라는 명령과는 전혀 다른 효과를 낸다. 도서관이나 서점은 아이들에게 놀이터와 같은 공간이 될 수 있다. 이곳에서 아이들은 자유롭게 책을 탐색하고, 자신의 관심사를 발견하며,

자연스럽게 책과 친해질 수 있다. 강요 없는 자유로운 탐험이 바로 진정한 학습의 시작점이 되는 것이다.

또한 아이의 관심사와 독서 수준에 맞는 책을 제공하는 것도 중요하다. 너무 어려운 책은 좌절감을, 너무 쉬운 책은 지루함을 줄 수 있다. 아이가 현재 무엇에 흥미를 느끼는지 관찰하고, 그에 맞는 다양한 책을 자연스럽게 노출시켜주는 것이 좋다. 이때 중요한 것은 선택권을 항상 아이에게 주는 것이다. 아이가 만화책만 고집한다고 해서 너무 걱정할 필요는 없다. 독서의 즐거움을 알게 된 아이는 자연스럽게 다양한 장르의 책으로 관심을 넓혀갈 것이다.

결국, 가장 이상적인 독서 환경은 '자연스러운 노출'과 '부드러운 격려'가 조화를 이루는 곳이다. 이는 마치 산책로를 걷는 것과 같다. 처음에는 잘 정비된 쉬운 길을 걷다가, 점차 자신의 관심과 체력에 따라 더 멀리, 더 높이 오르게 된다. 누군가 등 떠밀어서가 아니라, 걷는 즐거움을 알게 되어 스스로 나아가는 것이다. 우리 아이들의 독서 여정도 이와 같다.

처음에는 쉽고 재미있는 책으로 시작해 점차 자신만의 독서 영역을 넓혀가게 된다. 이때 부모의 역할은 등산 가이드와 비슷하다. 좋은 길을 소개하고, 때로는 함께 걸으며, 아이가 자신의 속도로 걸을 수 있게 기다려주는 것이다. 이렇게 형성된 독서 습관은 평생의 자산이 되어, 아이들은 책이라는 끝없는 탐험로에서 계속해서 새로운 세상을 발견하게 된다.

# 독서라는 여행,
# 함께일 때 더욱 풍성해지다!

　혼자 떠나는 여행도 의미 있지만, 좋은 동행이 있을 때 여행은 더욱 풍성해진다. 독서도 마찬가지다. 특히 문해력 발달에 있어 '함께 읽기'의 힘은 실로 놀랍다. 단순한 '읽기'를 넘어서는 새로운 차원의 학습 경험을 만들어내기 때문이다.

　문화체육관광부의 '2023년 국민 독서실태 조사'에서 주목할 만한 것은 어릴 때 가족과 함께 독서하는 경험이 있었던 응답자들의 독서율이 그렇지 않은 응답자들보다 높게 나타났다는 점이다. 이러한 결과는 가정에서의 독서 경험이 평생의 독서 습관 형성에 중요한 영향을 미친다는 것을 보여준다. 하지만 함께 읽기가 진정한 의미를 가지려면, 단순히 같은 공간에서 책을 읽는 것을 넘어서야 한다. 서로의 생각을 나누고 질문하며 대화하는 과정이 핵심이다. 책을 읽은 후 "어땠어?"라고 일반적 질문을 하는 것보다는 "주인 공이 그런 선택을 한 이유가 뭐였을까?", "네가 주인공이었 다면 어떻게 했을까?"와 같은 구체적인 질문이 아이의 사고 력 발달에 더 효과적이다.

함께 읽기에서 나타나는 '사회적 촉진'social facilitation 현상은 최근 직장인들 사이에서 인기를 끌고 있는 '벽돌깨기' 독서 모임의 사례에서 잘 드러난다. 바쁜 일상에서 긴 호흡의 독 서를 포기하고 짧은 글만 읽던 직장인들이, 퇴근 후 모여 두 꺼운 책을 함께 읽으며 깊이 있는 독서의 즐거움을 되찾고 있는 것처럼, 독서도 함께할 때 그 효과가 배가된다.

예를 들어, 한 참여자는 빅터 위고의 《레 미제라블》을 혼 자서는 엄두도 못 냈지만, 모임에서 다른 회원들과 함께 매 주 200페이지씩 읽어가며 인간의 구원과 사회 정의, 사랑에 대한 깊이 있는 통찰을 발견했다고 한다. 또 다른 회원은 무 라카미 하루키의 《1Q84》 완독을 늘 미뤄왔는데, 다른 회원

들과의 약속이 있어 틈틈이 책을 읽게 되면서 작품 속 현실
과 환상의 세계를 더 풍성하게 이해하게 되었다고 한다.

　이렇듯 독서모임은 단순한 독서량 증가를 넘어, SNS와
유튜브에 빼앗긴 깊이 있는 독서의 즐거움을 되찾게 해주
는 공동체적 경험의 가치를 만들어낸다. 이 '벽돌깨기' 독서
모임의 사례는 '사회적 촉진' 현상이 실제 독서 현장에서 어
떻게 작용하는지 잘 보여준다. 혼자서는 시도조차 하기 어
려웠던 도전적인 독서를, 바쁜 일상 속에서도 다른 사람들
과의 약속과 연대를 통해 성취해내는 것이다.

　한편, 혼자만의 독서는 자칫 '고립된 지식'이라는 함정에
빠질 수 있다. 이는 마치 씨앗이 단단한 땅에 갇혀 싹을 틔
우지 못하는 것과 같은 상태다. 실제로 청소년의 문학 작품
이해도를 분석한 연구에 따르면, 개별 독서에 비해 협력적
독서 활동이 텍스트의 심층적 이해와 다각적 해석을 이끌
어내는 데 더 효과적인 것으로 나타났다. 예를 들어, 헤르

만 헤세의 《데미안》을 읽은 중학생들의 경우를 살펴보자. 혼자 읽고 끝낸 학생들은 대개 '성장 소설'이라는 피상적 이해에 머무는 경향을 보이는 반면, 또래들과 함께 독서 토론에 참여한 학생들은 자아의 발견, 선악의 이분법적 구분에 대한 도전, 영혼의 성장 과정 등 훨씬 더 다층적인 해석에 도달할 수 있을 것이다.

집단 독서의 효과는 최근의 인지심리학 연구를 통해서도 입증되고 있다. 독서연구자인 윌슨과 손Wilkinson & Son의 연구에 따르면, 독서 토론 과정에서 일어나는 사회적 상호작용은 텍스트에 대한 이해를 심화시킬 뿐만 아니라, 비판적 사고력과 창의적 해석 능력도 향상시키는 것으로 나타났다.[66]

이처럼 '함께 읽기'는 개인의 제한된 이해를 넘어서는 풍부한 독서 경험을 가능하게 한다. 다른 사람들과의 대화와 토론을 통해 자신이 미처 발견하지 못한 새로운 관점과 해석을 만나게 되면서, 텍스트에 대한 이해는 자연스럽게 깊어지고 넓어진다. 이는 단순한 읽기 방법의 차원을 넘어, 진정한 의미의 문해력 성장을 이끄는 핵심 전략이라 할 수 있다.

함께 읽기에서 공유되는 '집단 지성'의 경험 역시 주목할 만하다. 예를 들어, 초등학교 4학년 교실에서 '방구석 미술관'이라는 책을 함께 읽은 후의 장면을 상상해보자. 미술에 관심 있는 아이는 작품의 디테일을, 역사를 좋아하는 아이는 시대적 배경을, 감성적인 아이는 작가의 감정을 이야기한다. 이렇게 다양한 관점이 모여 하나의 풍성한 이해가 만들어지는 것이다. 이는 개별 독자의 한계를 넘어서는 집단적 이해의 가능성을 보여준다.

결론적으로, 문해력 발달의 새로운 패러다임은 '함께 읽기'에 있다. OECD의 PISA 2018 결과에 따르면, 협력적 학습 환경과 독서 성취도 간에는 긍정적인 상관관계가 있는 것으로 나타났다. 개인의 고립된 독서 경험을 넘어, 사회적 상호작용을 통해 더 높은 차원의 이해와 성장을 이룰 수 있다는 점이 여러 연구를 통해 확인되고 있다. 특히 디지털 시대를 살아가는 현대의 학습자들에게 '함께 읽기'는 단순한 독서 방법 이상의 의미를 지닌다. 이는 타인과의 소통을 통해 비판적 사고력을 키우고, 다양한 관점을 수용하는 능력을 기르는 필수적인 학습 경험이 된다. 따라서 '함께 읽기'는 단순한 선택의 문제가 아닌, 미래 세대의 문해력 교육이 반드시 지향해야 할 핵심적인 교육 방향이라 할 수 있다.

## 인생 책꽂이, 우리 아이의 자아와 문해 여정의 시작

독서는 단순히 정보를 얻는 활동을 넘어 개인의 정체성을 형성하는 중요한 과정이다. 수마라Sumara의 연구에 따르면, 독서 행위는 독자의 정체성과 지식이 상호작용하며 발전하는 복잡한 과정이다.[67] 독자는 책 속 허구적 인물들과 자신을 동일시하고, 그들의 이야기에 참여하면서 자신의 경험을 재해석하고 새로운 의미를 발견한다. 독서를 통한 정체성 형성은 고정된 것이 아닌 지속적으로 변화하는 과정이다. 독자는 텍스트를 읽으면서 자신의 과거 경험을 되돌아보고, 현재의 상황을 이해하며, 미래의 모습을 그려본다. 이러한 과정에서 독자의 정체성은 끊임없이 재구성된다. 특히 문학 작품을 통해 만나는 다양한 인물들의 삶과 경험은 독자에게 새로운 관점과 이해의 폭을 제공한다.

독서는 또한 사회문화적 맥락 속에서 이루어지는 활동이다. 독자가 속한 문화와 사회는 텍스트 해석에 영향을 미치며, 이는 다시 독자의 정체성 형성에 기여한다. 따라서 독서를 통한 정체성 형성은 개인적인 동시에 사회적인 과정이라고 할 수 있다. 이처럼 독서는 단순한 지식 습득을 넘어 개인의 정체성을 형성하고 발전시키는 핵심적인 활동이다. 이는 문해력 교육이 단순히 기술적인 읽기 능력을 넘어 보다 총체적이고 심층적인 접근을 필요로 함을 시사한다.

'인생 책꽂이'는 단순한 책 수집이나 정리 방식을 넘어 우리 삶의 특별한 지도를 그려낸다. 마치 밤하늘의 별들이 모여 의미 있는 별자리를 만들듯, 우리가 읽은 책들은 우리의 지적, 정서적 성장을 보여주는 독특한 패턴을 만들어낸다. 각각의 책은 우리 삶의 특정 시기를 밝히는 별빛이 되어, 과거와 현재, 그리고 미래로 이어지는 여정을 비춰준다.

주제별로 정리된 책꽂이는 우리의 생각 지도를 보여준다. 마치 도시의 지하철 노선도처럼 각각의 책은 서로 다른 생각을 연결하는 환승역이 된다. 철학 서적의 통찰이 문학 작품을 더 깊이 이해하게 하고, 과학 책에서 배운 개념이 사회 현상을 새롭게 해석하게 하는 식이다. 이러한 연결은 마치 뇌의 시냅스처럼 사고를 더욱 풍부하고 유연하게 만든다. 예를 들어, 심리학 이론이 역사적 사건을 해석하는 렌즈가 되는 경험이 가능해진다.

'인생 책꽂이'는 단순한 책 수집이나 정리 방식을 넘어
우리 삶의 특별한 지도를 그려낸다.
우리가 읽은 책들은 우리의 지적, 정서적 성장을 보여주는
독특한 패턴을 만들어낸다.

'다시 읽고 싶은 책들'의 목록은 특별한 의미를 지닌다. 이는 마치 인생의 전환점을 표시하는 이정표와 같다. 심리학자들이 말하는 '변형적 학습'transformative learning이 일어난 순간들, 즉 책을 통해 얻은 통찰이 자신의 생각과 관점을 완전히 바꾼 순간들을 기록하는 것이다.

10대 시절 처음 읽었던 소설이 20대에는 전혀 다른 의미로 다가오고, 30대에는 또 다른 깨달음을 주는 것처럼, 같은 책도 우리의 성장과 함께 새로운 의미를 드러낸다. 이는 마치 오래된 거울이 시간이 지날수록 더 깊은 것들을 비추는 것과 같다.

이러한 의미 있는 책들이 주는 자부심은 마치 등산가가 정상에 오른 후 느끼는 성취감과 같다. 이는 단순한 자기만족을 넘어 더 높은 봉우리를 향한 도전 의식을 불러일으키는 원동력이 된다. 책의 수가 늘어날수록 사고의 지평이 넓어지는 것은, 마치 망원경의 렌즈를 하나씩 더할 때마다 더 멀리, 더 선명하게 우주를 볼 수 있게 되는 것과 같다. 각각

의 새로운 책은 우리의 지적 우주를 확장하는 새로운 창이
된다.

특히 우리의 인생 책꽂이는 개인적 내러티브를 구축하는
소중한 재료가 된다. 각각의 책은 마치 일기장의 한 페이지
처럼 특별한 순간과 연결된다. 대학 입시를 준비하며 읽었
던 책, 첫 직장에서의 어려움을 극복하게 해준 책, 인생의
중요한 결정 앞에서 길잡이가 되어준 책들... 책은 우리 삶
의 이정표이자 동반자가 된다. 더 나아가 이러한 책들은 우
리의 정체성을 형성하는 중요한 요소가 되어, 우리가 누구
인지, 어떤 가치를 중요하게 생각하는지를 보여주는 거울
이 된다.

디지털 시대에 전자책이 보편화되고 있지만, 물리적인
책꽂이가 주는 특별한 가치는 여전히 존재한다. 손때 묻은
책들이 가진 촉각적 기억, 책장을 넘길 때의 소리, 종이 특
유의 향기는 독서 경험을 더욱 풍부하게 만든다. 이는 마치

디지털 사진이 아날로그 사진의 특별한 감성을 완전히 대체할 수 없는 것과 같다.

나아가 인공지능 시대에 이러한 개인적인 책꽂이의 가치는 더욱 특별해질 것이다. 알고리즘이 추천하는 획일화된 독서 목록이 아닌 자신만의 독서 여정을 기록하고 성찰하는 것은 매우 중요한 의미를 지닌다. 이는 단순한 정보 습득을 넘어 진정한 지적 성장과 자아 발견을 가능하게 한다.

결국, 우리의 인생 책꽂이는 단순한 책의 집합이 아니다. 그것은 우리의 지적 삶의 여정과 자아의 성장을 담은 살아있는 기록이자, 미래를 향한 영감의 원천이다. 이는 우리가 걸어온 길을 되돌아보게 하는 동시에, 앞으로 나아갈 방향을 제시하는 소중한 나침반이 된다. 오늘부터 우리 아이가 자신의 인생 책꽂이, 아니 우리 가족들의 인생 책꽂이를 만들 수 있도록 가족 구성원 모두가 함께 노력해보자. 긴 문해의 여정을 지금 시작해보자.

# 3장

창의적 독서 사례

# SF 독서몰입이 만든 인물, 일론 머스크

　1981년 남아프리카의 어느 평범한 가정에서, 매일 10시간씩 책에 빠져 사는 특별한 소년이 있었다. 학교에서도, 집에서도, 심지어 식사 시간에도 책을 놓지 않던 이 소년은 바로 일론 머스크였다. 그의 어린 시절 독서 습관은 오늘날 세계에서 가장 혁신적인 기업가의 성장 이야기로 이어졌고, SF와 판타지 세계에 대한 완벽한 몰입은 테슬라, SpaceX, 뉴럴링크와 같은 혁신적 기업들의 탄생으로 연결되었다.

　어린 머스크의 서재는 상상력을 자극하는 흥미로운 책들로 가득했다고 한다. 그의 가장 사랑받는 책이었던 아이작 아시모프의 '파운데이션' 시리즈는 인류 문명의 존속을 위해 다른 행성으로의 이주를 다루는 대작으로, 현재 그가 추진하는 화성 식민지 건설 프로젝트의 직접적인 영감이 되었다. 토머스 모어의《유토피아》는 그의 이상적 사회에 대한 비전을 형성했고, 더글러스 애덤스의《은하수를 여행하는 히치하이커를 위한 안내서》는 그의 기발한 사고방식에 결정적인 영향을 미쳤다.

머스크의 독서에 대한 몰입은 때로는 걱정스러울 정도였다. 그는 책에 빠져있을 때면 주변의 그 어떤 소리도 들리지 않았고, 누군가 어깨를 두드려도 반응하지 않을 정도였다. 수업 시간에도 책상 밑에서 몰래 책을 읽었고, 식사 시간조차 책을 읽기 위한 잠깐의 휴식에 불과했다고 한다. 부모님은 아들이 현실과 단절된 채 책의 세계에만 빠져 있는 것을 우려했지만, 역설적으로 이러한 깊은 몰입이야말로 그의 혁신적 사고의 근간이 되었다.

특히 주목할 만한 점은 머스크가 SF 소설을 단순한 오락거리로 보지 않았다는 것이다. 그는 소설 속 미래 세계를 현

실에서 구현하기 위해 필요한 지식을 체계적으로 습득해나
갔다. 로켓 공학, 전기공학, 태양 에너지, 인공지능 등 다양
한 분야의 전문 서적을 독학했고, 이는 후일 그가 혁신적인
기술 기업들을 성공적으로 이끄는 토대가 되었다. 소설 속
상상의 세계는 그에게 영감의 원천이자 도전의 목표가 되
었고, 이를 실현하기 위한 구체적인 지식 탐구로 이어졌다.

　머스크의 문제해결 방식도 그의 독서 경험과 깊은 관련
이 있다. SF 소설 속 주인공들이 직면하는 거대한 도전과
이를 해결해가는 과정은, 그가 현실의 난제들을 대하는 방
식의 모델이 되었다. "불가능해 보이는 일이라도, 물리 법
칙에 위배되지 않는다면 반드시 실현 가능한 방법이 있다"
는 그의 유명한 철학은 바로 이러한 독서 경험에서 비롯되
었다. 전기차의 대중화, 재사용 가능한 로켓의 개발, 뇌-컴
퓨터 인터페이스의 실현 등 그가 추진하는 도전적인 프로
젝트들은 모두 이러한 사고방식의 산물이다.

머스크의 성공 사례는 아이들의 독서 취향과 깊은 몰입을 대하는 우리의 태도에 중요한 시사점을 제공한다. 당장은 비현실적이거나 비생산적으로 보이는 독서 활동일지라도, 그것이 미래에 어떤 혁신적인 결과물로 이어질지는 아무도 예측할 수 없다. SF와 판타지 장르는 머스크에게 기존의 한계를 뛰어넘는 혁신적 사고의 씨앗을 제공하였으며, 불가능해 보이는 목표에 도전하는 용기를 키워주었다.

더불어 이는 깊이 있는 독서가 가진 변혁적 힘을 보여준다. 책 속에서 만난 아이디어들은 단순한 상상이나 공상으로 끝나지 않고, 현실을 변화시키는 강력한 동력이 될 수 있다. 오늘날 머스크가 보여주는 파격적인 혁신과 도전은 모두 어린 시절 형성된 이러한 독서몰입 경험의 연장선상에 있다. 한 소년의 깊은 독서몰입이 어떻게 세상을 변화시키는 혁신으로 이어졌는지, 머스크의 이야기는 우리에게 상상력과 독서의 무한한 가능성을 보여주는 살아있는 증거이다.

# 아인슈타인의 어린 시절 독서 이야기

'폭풍처럼 산만한 학생', '교실의 골칫거리', '선생님들의 한숨을 자아내는 문제아'.

현대 물리학의 역사를 다시 쓴 천재 과학자 알베르트 아인슈타인의 어린 시절을 설명하는 수식어들이다. 특히 뮌헨 김나지움의 그리스어 교사는 "네가 앉아있는 자리가 곧 교실의 물리적 존재만으로도 다른 학생들의 존경심을 망치고 있다"라는 신랄한 평가를 남겼다. 만약 오늘날 아인슈타인이 우리나라의 학생이었다면 어떤 평가를 받았을까? 아마도 '주의력결핍 과잉행동장애[ADHD]가 의심되는 학생'이라는 상담 기록이 남았을지도 모른다.

하지만 교실에서 문제아로 낙인찍힌 이 소년의 내면에는

세상을 향한 무한한 호기심과 깊이 있는 사고력이 숨어있
었다. 열두 살의 어린 나이에 대부분의 고등학생들도 어려
워하는 유클리드 기하학 교재를 독학으로 마스터했고, 열
다섯 살에는 대학생들이 배우는 미적분을 혼자 터득했다.
학교 시험에서는 낮은 점수를 받았지만, 그의 지적 탐구심
은 이미 교과서의 범위를 훨씬 뛰어넘어 있었던 것이다.

특히 주목할 만한 점은 아인슈타인이 보여준 독특한 학
습 방식이다. 그는 단순히 책의 내용을 암기하는 대신, 끊
임없이 "왜?"라는 질문을 던지며 깊이 있는 이해를 추구했
다. 이러한 질문 중심의 학습법은 인공지능 시대에 더욱 중
요해진 비판적 사고력의 핵심을 보여준다. 인공지능은 방
대한 정보를 처리하고 답을 제시할 수 있지만, 의미 있는 질
문을 던지는 것은 여전히 인간의 고유 영역이기 때문이다.

이러한 아인슈타인의 특별한 성장 배경에는 그의 가정
환경이 결정적인 역할을 했다. 전기 회사를 운영하던 아버

지 헤르만은 사업에 실패를 거듭했지만, 아들의 교육만큼은 결코 타협하지 않았다. 매주 목요일 저녁은 '가족 독서의 날'로 정해져 있었다. 이 날은 TV도, 라디오도 없는 오직 책과 함께하는 특별한 시간이었다. 가족들은 둘러앉아 과학 서적을 함께 읽고, 때로는 치열한 토론을 벌이기도 했다. 어린 아인슈타인에게 이 시간은 단순한 독서 시간이 아닌, 세상을 향한 호기심과 상상력이 자라나는 마법 같은 순간이었다.

이러한 가족 독서 시간의 특징은 현대 교육에 중요한 시사점을 준다. 첫째, 정해진 시간에 규칙적으로 이루어졌다는 점이다. 둘째, 가족이 함께함으로써 독서가 즐거운 문화적 경험이 되었다는 점이다. 셋째, 단순한 읽기를 넘어 토론으로 이어졌다는 점이다. 이는 오늘날 말하는 '깊이 있는 독서'의 모범적인 사례라 할 수 있다.

특히 전기 기술자였던 삼촌 야콥의 역할이 컸다. 그는 조카의 호기심을 자극할 만한 책들을 꾸준히 선물했는데, 그 중에서도 '어린이를 위한 자연과학' 시리즈는 어린 아인슈타인의 과학적 상상력을 폭발적으로 키워주었다. 이 책들은 단순히 과학 지식을 전달하는 것을 넘어, 자연 현상에 대한 깊은 통찰과 의문을 품게 만들었다. 예를 들어, 빛의 속도로 달리는 광선 위에 탄다면 세상은 어떻게 보일까? 이러한 사고 실험은 후일 상대성 이론의 씨앗이 되었다.

아인슈타인의 부모님이 보여준 또 하나의 탁월한 교육적 선택은 막스 탤머드라는 의대생을 가정교사로 초빙한 것이었다. 탤머드는 단순히 시험 점수를 올리는 과외 선생이 아닌, 진정한 지적 동반자였다. 그는 어린 아인슈타인과 함께 칸트의 '순수이성비판'과 같은 난해한 철학서를 읽고 토론했다. 시공간의 본질, 인과율의 의미, 우주의 구조와 같은 깊이 있는 주제들을 함께 탐구했다. 이러한 철학적 사고의 훈련은 후일 아인슈타인이 기존 물리학의 패러다임을 뛰어넘어 혁신적인 이론을 발전시키는 데 큰 영향을 미쳤다.

특히 주목할 만한 점은 아인슈타인의 독서가 과학 분야에만 국한되지 않았다는 것이다. 도스토예프스키의 소설을 통해 인간 존재의 깊이를 탐구했고, 스피노자의 철학을 통해 우주의 질서와 조화에 대한 통찰을 얻었다. 모차르트와 바흐의 음악을 즐기며 예술적 감수성도 키웠다. 이러한 다양한 분야를 넘나드는 폭넓은 독서와 문화적 경험은 그의 과학적 사고를 더욱 풍성하고 창의적으로 만들었다.

"상상력이 지식보다 중요하다."

후일 아인슈타인이 남긴 이 유명한 말은 그의 교육 경험을 집약적으로 보여준다. 그의 부모님은 시험 점수나 학교 성적에 연연하지 않았다. 대신 아들의 호기심과 상상력을 키워주는 데 집중했고, 그것은 결과적으로 20세기 최고의 과학자를 탄생시켰다.

인공지능 시대를 살아갈 우리 아이들에게 필요한 것은

무엇일까? 단순한 지식의 축적이 아닌, 깊이 있는 이해와 창의적 사고력이다. 아인슈타인의 사례는 이를 위한 구체적인 방향을 제시한다. 규칙적인 독서 습관, 질문 중심의 학습, 다양한 분야를 아우르는 통합적 교육, 그리고 무엇보다 아이의 호기심과 개성을 존중하는 태도가 그것이다.

오늘날 많은 부모들이 자녀의 입시 성적에 매달려 정작 중요한 것을 놓치고 있는지도 모른다. 학원을 전전하며 문제집을 풀고, 시험 점수를 올리는 데 모든 에너지를 소진하고 있다. 하지만 아인슈타인의 이야기는 진정한 교육이 무엇인지 다시 한 번 생각하게 만든다. 아이의 호기심을 존중하고, 함께 책을 읽고 토론하며, 다양한 분야를 자유롭게 탐험할 수 있도록 돕는 것. 이것이야말로 우리 시대가 아인슈타인의 어린 시절에서 배워야 할 가장 중요한 교육의 지혜가 아닐까?

자녀의 낮은 시험 점수 때문에 고민하는 부모님들, 아이의 산만함 때문에 걱정하시는 분들, 잠시 아인슈타인의 이야기를 떠올려보시기 바란다. 때로는 겉으로 보이는 성적이나 행동이 그 아이의 진정한 잠재력을 가리고 있을지도 모른다. 중요한 것은 그 아이만의 특별한 호기심과 재능을 발견하고, 그것이 꽃피울 수 있는 환경을 만들어주는 것이다. 아인슈타인의 부모님이 그랬던 것처럼 말이다.

## 어린 괴테의 '중단된 이야기' 에피소드

문학의 거장 괴테의 이야기 속에서 한 특별한 할머니의 모습을 만날 수 있다. 할머니는 손자에게 단순히 이야기를 들려주는 것에서 멈추지 않았다. 가장 흥미진진한 순간에 이야기를 멈추고는 "그런데 그다음에는 어떻게 됐을까?"라고 물었다. 이 단순한 질문이 어린 괴테의 마음속에 상상력이라는 마법의 씨앗을 심었고, 그 씨앗은 후일 세계문학의 거대한 나무로 자라났다.

현대 교육학자들은 이러한 '중단된 이야기' 기법이 아이들의 두뇌 발달에 놀라운 영향을 미친다고 말한다. 이야기의 절정에서 잠시 멈추고 다음 전개를 상상해보게 하는 것은 마치 두뇌에 날개를 달아주는 것과 같은 효과를 준다. 단순히 상상력을 키우는 것을 넘어, 창의성과 공감 능력, 문제해결 능력까지 길러주는 놀라운 교육적 효과를 가진다.

이 특별한 독서법이 가진 첫 번째 마법은 호기심을 자극한다는 점이다. "그래서 어떻게 됐을까?"라는 질문이 던져질 때, 아이의 뇌에서는 흥미로운 변화가 일어난다. 신경과학 연구에 따르면, 호기심이 자극받는 순간 뇌에서는 도파민이라는 특별한 물질이 분비되며, 이는 학습을 현저하게 촉진하는 역할을 한다. 이러한 호기심 상태에서의 학습은 일반적인 경우보다 훨씬 더 효과적인 것으로 나타난다. 호

기심이 가득한 아이의 뇌는 마치 스펀지가 물을 빨아들이
듯, 새로운 정보를 더욱 열심히 흡수하게 된다.

두 번째 마법은 이야기를 만들어가는 힘을 키운다는 것
이다. 교육심리학자 제롬 브루너[Bruner]는 인간의 사고방식
을 논리-과학적 사고와 내러티브 사고로 나누었는데, 이야
기의 다음 전개를 상상하는 과정은 내러티브 사고력을 키
워준다. 이는 단순한 이야기 만들기를 넘어, 다른 사람의
감정을 이해하고 공감하는 능력의 발달로 이어진다. 마치
이야기 속 주인공의 신발을 신고 걸어보는 것처럼, 아이들
은 다양한 관점에서 세상을 바라보는 법을 배우게 된다.

세 번째 마법은 능동적 독자로 성장하게 한다는 점이다.
이야기를 그저 듣기만 하는 것이 아니라, 스스로 이야기의
창조자가 되어보는 경험은 독서를 진정한 대화로 바꾼다.
이 과정에서 아이들은 자신의 생각을 관찰하고 조절하는
메타인지능력을 자연스럽게 발달시킨다. 또한 자신만의

이야기 세계를 구축하면서 독창적인 사고와 표현 능력도 함께 성장한다.

괴테의 사례는 이를 완벽하게 증명한다. 그는 자서전《시와 진실》에서 할머니와의 독서 시간이 자신의 문학적 상상력의 원천이었다고 고백했다. 《젊은 베르테르의 슬픔》이나《파우스트》같은 불후의 명작 속에서 우리가 만나는 풍부한 상상력과 깊이 있는 내면 탐구는, 어린 시절 할머니와 함께했던 그 마법 같은 독서 시간의 결실이었다.


## 또 하나의 어린 괴테 이야기, 플레이박스 놀이


한 작은 상자가 세계적인 문학가를 탄생시켰다. 괴테의

할머니가 선물한 '플레이박스'는 평범한 장난감 상자처럼 보였지만, 그 안에는 무한한 상상력의 씨앗이 담겨 있었다. 인형, 작은 소품, 간단한 무대 장치들로 구성된 이 소박한 도구들은 어린 괴테의 손끝에서 마법 같은 이야기 세계를 펼쳐냈다. 그의 자서전에 따르면, 이 플레이박스는 단순한 장난감이 아니라 그의 첫 번째 '극장'이었고, 이후 위대한 극작가로 성장하는 데 결정적인 밑거름이 되었다고 한다.

　현대 뇌과학은 놀이 기반 학습의 효과를 놀랍게 입증하고 있다. 연구에 따르면, 아이들이 상상놀이에 몰입할 때 전두엽의 실행기능이 활발히 발달한다. 특히 주목할 점은 이러한 놀이 과정에서 뇌의 여러 영역이 동시에 활성화된다는 것이다. 창의성을 담당하는 우뇌와 논리적 사고를 담당하는 좌뇌가 균형 있게 발달하며, 이는 마치 뇌가 놀이를 통해 즐겁게 운동하며 강하고 유연해지는 것과 같다.

　발달심리학의 거장 피아제는 놀이의 힘을 일찍이 간파했

다. 그는 특히 상징놀이가 언어발달과 추상적 사고력 향상에 결정적이라고 보았다. 인형을 가지고 노는 아이는 단순히 장난감을 가지고 노는 것이 아니다. 그 순간 아이는 현실과 상상의 세계를 자유롭게 넘나들며 추상적 사고의 근육을 키우고 있는 것이다. 이러한 상징적 사고능력은 문학적 은유를 이해하고 창조하는 능력의 기초가 된다.

플레이박스가 주는 교육적 가치는 실로 놀랍다.

첫째, 아이들에게 이야기를 만들어가는 즐거움을 선사한다. 책을 수동적으로 읽는 것이 아니라 자신만의 이야기를 창조하는 경험은 마치 작은 작가가 되어보는 것과 같다. 이런 과정을 통해 아이들은 이야기 구조를 이해하고 언어의 힘을 자연스럽게 체득하게 된다. 또한 등장인물의 감정과 동기를 상상하면서 정서지능도 발달시킨다.

둘째, 플레이박스는 오감을 통한 통합적 학습을 가능하게 한다. 인형을 움직이고, 대사를 말하고, 무대를 꾸미는 과정은 시각, 청각, 촉각 등 다양한 감각을 동시에 사용하는 풍부한 경험을 제공한다. 현대 교육학에서는 이러한 멀티모달 학습이 더 깊은 이해와 오래 지속되는 기억을 만든다고 말한다. 특히 디지털 시대에 점점 부족해지는 촉각적 경험을 제공한다는 점에서 그 가치는 더욱 크다.

셋째, 자기주도적 학습의 즐거움을 경험하게 한다. 괴테는 플레이박스를 통해 스스로 이야기를 만들고 연출하는 기쁨을 알게 되었다. 이러한 내재적 동기는 평생 학습의 원동력이 된다. 또한 놀이 속에서는 실수가 새로운 가능성이 되기 때문에 실패를 두려워하지 않는 태도도 형성된다.

인공지능 시대를 살아가는 아이들에게 이러한 창의적 놀이 경험은 더욱 소중하다. 화면 속의 가상현실도 좋지만, 직접 만지고 움직이고 상상하는 실제적 경험이야말로 건강한 두뇌 발달의 필수 요소다. 특히 인공지능이 대체하기 어려운 창의성과 감성지능을 자연스럽게 키워준다는 점에서, 플레이박스와 같은 전통적 놀이 도구의 가치는 더욱 빛난다.

현대 부모들은 이러한 통찰을 바탕으로 우리 시대에 맞는, 우리 자녀에게 필요한 새로운 형태의 플레이박스를 고민할 필요가 있다. 꼭 물리적인 상자일 필요는 없다. 중요한 것은 아이들이 자유롭게 상상하고, 만들고, 표현할 수 있는 안전한 놀이 공간을 제공하는 것이다. 괴테의 할머니가 보여준 놀이와 학습의 통합적 지혜는 오늘날에도 여전히 유효한 교육의 본질을 보여준다.

## "내 삶은 매일 물음표와 느낌표를 오고 갔다!" 이어령 이야기

1934년 충청도의 한 집안에서 태어난 고(故) 이어령은 일곱 남매 중 여섯째였다. 그는 여동생과 일곱 살이나 차이가 나는 늦둥이였기에, 엄격한 유교적 가풍 속에서도 특별한 사랑을 받으며 자랐다. 다른 형제들에게는 엄격했던 부모님도 그에게만큼은 관대했고, 덕분에 자유분방한 성격으로 자랄 수 있었다고 한다.

특히 그의 어머니에 대한 애착은 남달랐다. 젖을 떼지 않으려 고집을 부리던 그는 쓴맛이 나는 식물인 금계랍을 발라도 끈질기게 젖을 찾았다고 한다. 이처럼 다루기 힘든 말썽꾸러기였던 그를 위해 집안에서 내린 처방은 '서당행'이었다. 겨우 대여섯 살 때의 일이었다.

그러나 서당에서의 첫날은 그의 인생을 바꾸어 놓는 전환점이 되었다. 천자문 첫 구절인 '천지현황'天地玄黃을 배우던 중, 어린 이어령은 멈추지 않고 질문을 쏟아냈다. "왜 하늘이 검다고 하나요? 제가 보기엔 파란데요?" 밤에 하늘을 보면 검다는 훈자님의 말씀에 "밤에는 땅도 검은데 왜 누렇다고 하나요?"라는 질문을 멈추지 않았다고 한다. 이러한 질문들은 당시 훈장님을 당혹스럽게 만들었고, 결국 그는 서당에서 쫓겨나고 말았다.

하지만 이 서당의 반란은 그의 지적 여정의 시작이었다. 천자문 첫 구절에 대한 의문은 그의 머릿속에서 40년 동안 이나 떠나지 않았다. 대학생이 되고, 신문사 논설위원이 되고, 교수가 된 후에도 이 의문은 계속되었다고 한다. 마침 내 40대가 되어 주역과 음양오행의 세계를 접하면서 그 해 답을 찾았다.

그가 깨달은 것은 천자문의 '현'玄, 검을 현이 단순한 물리적 색채가 아닌, 동양철학의 깊은 상징성을 담고 있다는 점이 었다. 북쪽을 상징하는 검은색, 북녘 하늘을 의미하는 '현' 이었던 것이다. 40년간의 의문이 풀리는 순간, 그의 온몸은 전율로 가득 찼다고 한다.

그의 이야기는 진정한 배움과 독서에 있어 중요한 것은 무비판적 수용이 아닌, 끊임없는 질문과 탐구라는 것을 보여준다. 성장해가면서 질문을 잃어가는 우리 아이들, 답에 대한 요구에 지쳐가는 우리 아이들. 이어령 선생의 이야기가 우리에게 들려주는 이야기에 심각하게 귀를 기울여야 할 것이다.

# 문해력,
# 우리 아이들의 미래를 밝히는 등불

책장을 넘기는 소리가 들리지 않는 저녁, 스마트폰의 푸른빛만이 가득한 거실. 이것이 오늘날 많은 가정의 모습이다. 최근 문화체육관광부의 조사 결과는 우리 사회의 독서 문화가 얼마나 심각한 위기에 처해있는지를 여실히 보여준다. 성인의 절반 이상이 일 년 동안 단 한 권의 책도 읽지 않는다는 사실은, 마치 우리 사회의 미래를 향한 경고음처럼 들린다.

문해력은 단순히 글자를 읽고 쓸 수 있는 능력을 훨씬 뛰어넘는 개념이다. 그것은 마치 깊은 바다를 탐험하는 것과 같다. 표면적인 의미를 넘어 텍스트의 깊은 의미를 이해하고, 그 속에 담긴 맥락을 파악하며, 비판적으로 사고하는 종합적인 능력을 의미한다. 특히 오늘날과 같은 정보 홍수의 시대에서, 문해력은 진실과 거짓을 구분하고 가치 있는 정보를 선별하는 필수적인 도구가 되었다.

디지털 네이티브 세대인 우리의 청소년들이 처한 현실은 더욱 심각하다. 15초짜리 숏폼 영상과 끝없이 스크롤되는 소셜 미디어 피드에 익숙해진 그들에게, 한 권의 책을 차분히 읽어내는 일은 점점 더 어려운 도전이 되어가고 있다. 더구나 인공지능 챗봇의 등장으로 글쓰기마저 기계에 의존하게 되면서, 독자적인 사고력과 표현력의 발달이 저해될 우려도 커지고 있다.

하지만 역설적으로 바로 이 시기야말로 독서가 가장 필요한 때이다. 자아정체성이 형성되고 가치관이 확립되는 이 결정적 시기에, 깊이 있는 독서 경험은 그들의 미래를 좌우할 수 있는 소중한 자산이 되기 때문이다.

문해력의 부재는 단순한 불편함을 넘어 실제적인 삶의 제약으로 이어질 수 있다. 보험 약관을 제대로 이해하지 못해 불이익을 당하거나, 가짜뉴스에 현혹되어 잘못된 판단을 하게 될 수 있다. 특히 인공지능과 빅데이터가 주도하는 미래 사회에서는 이러한 문제가 더욱 심화될 것이다. 단순 정보의 습득은 인공지능이 대신할 수 있지만, 정보를 비판적으로 분석하고 창의적으로 통합하는 능력은 여전히 인간의 몫이기 때문이다.

그러나 희망적인 것은, 문해력 향상을 위한 첫걸음이 바로 우리 가정에서 시작될 수 있다는 점이다. 이는 결코 거창한 것이 아니다. 저녁 식사 후 30분, 모든 가족이 스마트폰을 내려놓고 각자의 책을 펼치는 작은 실천에서 시작될 수 있다. 주말 오후, 가족이 함께 동네 서점을 찾아 책을 고르고, 읽은 책에 대해 이야기를 나누는 소소한 시간에서 시작될 수 있다.

더불어 중요한 것은 부모가 독서의 롤모델이 되어주는 것이다. 아이들은 말보다 행동을 통해 더 많이 배운다. 부모가 일상적으로 책을 읽는 모습을 보여주는 것만으로도, 아이들의 독서 습관 형성에 큰 영향을 미칠 수 있다. 또한 부모와 자녀가 함께 읽은 책에 대해 대화를 나누는 과정은 단순한 독서를 넘어 깊이 있는 이해와 비판적 사고력을 키우는 좋은 기회가 된다.

우리는 지금 역사적인 전환점에 서 있다. 기술의 발전은 우리에게 전에 없던 편리함을 가져다주었지만, 동시에 깊이 있는 사고와 진정한 이해의 능력을 위협하고 있다. 특히 인공지능의 발전으로 많은 직업이 자동화될 미래에는, 기계가 대체할 수 없는 깊이 있는 사고력과 창의성이 더욱 중요해질 것이다. 이제 문해력은 단순한 학습 능력이 아닌, 우리와 우리 아이들의 미래를 결정할 핵심 역량이 되었다. 그것은 정보의 홍수 속에서 진실을 찾아내는 나침반이자, 끊임없는 변화 속에서 우리를 지탱해주는 든든한 닻과도 같다.

인공지능 시대의 문해력은 더욱 확장된 개념으로 이해되어야 한다. 텍스트를 읽고 이해하는 것을 넘어, 다양한 미디어를 비판적으로 해석하고, 여러 정보를 통합적으로 분석하며, 자신의 생각을 효과적으로 표현하는 능력이 포함되어야 한다. 이는 단순히 생존을 위한 도구가 아닌, 더 풍요로운 삶을 위한 필수 역량이다.

오늘 저녁, 당신의 가정에서는 어떤 이야기가 펼쳐질까? 스마트폰의 푸른빛 대신, 따뜻한 독서등 아래서 책장을 넘기는 소리가 들리는 저녁은 어떨까? 그것이 바로 우리 아이들의 미래를 밝히는 첫 걸음이 될 것이다. 문해력은 결코 하루아침에 길러지지 않는다. 하지만 오늘 우리가 심은 작은 씨앗은, 분명 내일의 우리 아이들에게 크고 단단한 나무가 되어줄 것이다. 그리고 그 나무는 급변하는 미래 사회에서 우리 아이들을 지켜주는 든든한 버팀목이 되어줄 것이다.

# 참고문헌

1   Stanford History Education Group. (2016). Evaluating information: The cornerstone of civic online reasoning. Stanford Digital Repository.

2   Common Sense Media. (2019). Is that true? Teen news literacy report. Common Sense Media Research Report.

3   World Economic Forum. (2016). The future of jobs: Employment, skills and workforce strategy for the fourth industrial revolution. World Economic Forum.

4   Dell Technologies & Institute for the Future. (2017). The next era of human machine partnerships: Emerging technologies' impact on society & work in 2030. Retrieved from Dell Technologies.

5   Arbesman, S. (2012). The half-life of facts: Why everything we know has an expiration date. Current.

6   LaPierre, R. (2018). The technical skills half-life: 12-18 months. IEEE Software, 35(2), 89-91. https://doi.org/10.1109/MS.2018.1661324

7   Reinsel, D., Gantz, J., & Rydning, J. (2017). Data Age 2025: The Evolution of Data to Life-Critical. IDC White Paper, Sponsored by Seagate.

8   UNESCO. (2021). Think Piece on Information Literacy. UNESCO Institute for Information Technologies in Education.

9   이정연, 김현수, 박선영 (2023). 2023 국민 독서실태 조사. 문화체육관광부, 한국출판문화산업진흥원.

10   Ophir, E., Nass, C., & Wagner, A. D. (2009). Cognitive control in media multitaskers. Proceedings of the National Academy of Sciences, 106(37), 15583-15587.

11  김동일, 정연우, 김영은 (2016). 미디어 멀티태스킹이 청소년의 학업성취도에 미치는 영향: 집행기능결함의 매개효과를 중심으로. 아시아교육연구, 17(4), 21-42.

12  Baron, N. S. (2017). Reading in a digital age. Phi Delta Kappan, 99(2), 15-20.

13  Uhls, Y. T., Michikyan, M., Morris, J., Garcia, D., Small, G. W., Zgourou, E., & Greenfield, P. M. (2014). Five days at outdoor education camp without screens improves preteen skills with nonverbal emotion cues. Computers in Human Behavior, 39, 387-392.

14  Clinton, V., & Meyers, J. (2020). The relationship between reading from paper and screens: A meta-analysis examining learning outcomes. Review of Educational Research, 90(6), 831-869.

15  Wolf, M. (2018). Reader, come home: The reading brain in a digital world. Harper.

16  Ward, A. F., Duke, K., Gneezy, A., & Bos, M. W. (2017). Brain drain: The mere presence of one's own smartphone reduces available cognitive capacity. Journal of the Association for Consumer Research, 2(2), 140-154.

17  Wilmer, H. H., Sherman, L. E., & Chein, J. M. (2017). Smartphones and cognition: A review of research exploring the links between mobile technology habits and cognitive functioning. Frontiers in Psychology, 8, 605.

18  Firth, J., Torous, J., et al. (2019). The "online brain": how the Internet may be changing our cognition. World Psychiatry, 18(2), 119-129.

19  한국콘텐츠진흥원 (2023). 2023 숏폼 콘텐츠 이용자 행태 조사. KOCCA 연구보고서, 23-22.

20  McSpadden, K. (2015, May 14). You now have a shorter attention span than a goldfish. Time Magazine.

21  김아란, 이순형 (2021). 청소년의 디지털 디톡스 경험이 집중력과 학업성취도에 미치는 영향. 아동학회지, 42(1), 73-85.

22  김영식, 김민석, & 이길재. (2018). 우리나라 고등학생들의 독서 활동 실태 분석. KRIVET Issue Brief, 156, 1-4. 한국직업능력개발원.

23  국립어린이청소년도서관(2023). 2023년 청소년 독서실태 조사. 문화체육관광부 연구보고서, KNCY-2023-11.

24  김은영, 박현정, 이현주. (2023). 중·고등학생의 독서 실태 및 인식 조사. 한국교육개발원 연구보고서, RR 2023-21.

25  김현철, 장근영, 조문혜. (2023). 디지털 시대 청소년 미디어 이용 실태 및 독서 행태 연구. 한국청소년정책연구원 연구보고서, 23-R11.

26  교육부, 문화체육관광부 (2023). 2023 청소년 독서문화 실태조사. 교육부 정책연구보고서, 2023-11.

27  Hart, B., & Risley, T. R. (1995). Meaningful differences in the everyday experience of young American children. Paul H Brookes Publishing.

28  Duncan, G. J., Dowsett, C. J., Claessens, A., Magnuson, K., Huston, A. C., Klebanov, P., Pagani, L. S., Feinstein, L., Engel, M., Brooks-Gunn, J., Sexton, H., Duckworth, K., & Japel, C. (2007). School readiness and later achievement. Developmental Psychology, 43(6), 1428-1446. https://doi.org/10.1037/0012-1649.43.6.1428

29  OECD. (2019). PISA 2018 Results (Volume I): What Students Know and Can Do. OECD Publishing. https://doi.org/10.1787/5f07c754-en.

30  김윤화. (2024). 아동·청소년의 미디어 이용행태와 미디어 이용 제한. KISDI STAT Report, 24-06, 1-5.

31  배상률, 이창호(2021). 청소년 미디어 이용 실태 및 대상별 정책대응방안 연구Ⅱ: 10대 청소년-기초분석보고서. 한국청소년정책연구원.

32  한림학보(2024). 우리 대학 재학생 문해력 3년째 감소 … "과반수 이상 과제 수행에 어려움 겪어". 2024년 11월2일. https://news.hallym.ac.kr/news/articleView.html?idxno=12742.

33  Masrai, A., & Milton, J. (2017). Recognition Vocabulary Knowledge and Intelligence as Predictors of Academic Achievement in EFL Context. TESOL International Journal, 12(1), 128-142.

34  Romeo, R. R., Leonard, J. A., Robinson, S. T., West, M. R., Mackey, A. P., Rowe, M. L., & Gabrieli, J. D. E. (2018). Beyond the 30-million-word gap: Children's conversational exposure is associated with language-related brain function. Psychological Science, 29(5), 700-710.

35  Hutton, J. S., Horowitz-Kraus, T., Mendelsohn, A. L., DeWitt, T., Holland, S. K., & the C-MIND Authorship Consortium. (2015). Home reading environment and brain activation in preschool children listening to stories. Pediatrics, 136(3), 466-478.

36  Jirout, J. J., Evans, N. S. & Son, (2024). L. K. Curiosity in children across ages and contexts. Nat Rev Psychol 3, 622-635. https://doi.org/10.1038/s44159-024-00346-5

37  MacLeod, C. M., Gopie, N., Hourihan, K. L., Neary, K. R., & Ozubko, J. D. (2010). The production effect: Delineation of a phenomenon. Journal of Experimental Psychology: Learning, Memory, and Cognition, 36(3), 671-685.

38  Davidson, R. J., & McEwen, B. S. (2012). Social influences on neuroplasticity: stress and interventions to promote well-being. Nature Neuroscience, 15(5), 689-695.

39  Masashi, Y., Masahiro, M., Yasushi, K., & Ryuta, K. (2018). Reading aloud and solving simple arithmetic calculation intervention (Learning Therapy) improves inhibition, verbal episodic memory, focus attention and processing speed in healthy elderly people: Evidence from a randomized controlled trial. Frontiers in Human Neuroscience, 12, 494.

40  Riggs, N. R., Black, D. S., & Ritt-Olson, A. (2015). Associations between dispositional mindfulness and executive function in early adolescence. Journal of Child and Family Studies, 24(9), 2745-2751.

41  Dehaene, S., Cohen, L., Morais, J., & Kolinsky, R. (2015). Illiterate to literate: behavioural and cerebral changes induced by reading acquisition. Nature Reviews Neuroscience, 16(4), 234-244.

42  Cattinelli, I., Borghese, N. A., Gallucci, M., & Paulesu, E. (2013). Reading the reading brain: A new meta-analysis of functional imaging data on reading. Journal of Neurolinguistics, 26(1), 214-238.

43  Kaufman, S. B., Quilty, L. C., Grazioplene, R. G., Hirsh, J. B., Gray, J. R., Peterson, J. B., & DeYoung, C. G. (2016). Openness to Experience and Intellect Differentially Predict Creative Achievement in the Arts and Sciences. Journal of Personality, 84(2), 248-258. https://doi.org/10.1111/jopy.12156

44  OECD. (2015). Students, computers and learning: Making the connection. OECD Publishing.

45  Clinton, V. (2019). Reading from paper compared to screens: A systematic review and meta-analysis. Journal of Research in Reading, 42(2), 288-325.

46  Delgado, P., Vargas, C., Ackerman, R., & Salmerón, L. (2018). Don't throw away your printed books: A meta-analysis on the effects of reading media on reading comprehension. Educational Research Review, 25, 23-38.

47  Singer, L. M., & Alexander, P. A. (2017). Reading on paper and digitally: What the past decades of empirical research reveal. Review of Educational Research, 87(6), 1007-1041.

48  Kong, Y., Seo, Y. S., & Zhai, L. (2018). Comparison of reading performance on screen and on paper: A meta-analysis. Computers & Education, 123, 138-149.

49  Best, E. (2020). Audiobooks and literacy. London: National Literacy Trust.

50  Hutton, J. S., Dudley, J., Horowitz-Kraus, T., DeWitt, T., & Holland, S. K. (2019). Differences in functional brain network connectivity during stories presented in

audio, illustrated, and animated format in preschool-age children. Brain Imaging and Behavior, 13(2), 564-576.

51  Deniz, F., Nunez-Elizalde, A. O., Huth, A. G., & Gallant, J. L. (2020). The representation of semantic information across human cerebral cortex during listening versus reading is invariant to stimulus modality. Journal of Neuroscience, 40(19), 3705-3716.

52  Wood, S. G., Moxley, J. H., Tighe, E. L., & Wagner, R. K. (2020). Does use of text-to-speech and related read-aloud tools improve reading comprehension for students with reading disabilities? A meta-analysis. Journal of Learning Disabilities, 53(1), 65-84.

53  Evans, M. D., Kelley, J., Sikora, J., & Treiman, D. J. (2010). Family scholarly culture and educational success: Books and schooling in 27 nations. Research in Social Stratification and Mobility, 28(2), 171-197.

54  Snow, C. E. (2014). Input to interaction to instruction: Three key shifts in the history of child language research. Journal of Child Language, 41(S1), 117-123.

55  Willingham, D. T. (2015). Raising Kids Who Read: What Parents and Teachers Can Do. Jossey-Bass

56  Wolf, M. (2018). Reader, Come Home: The Reading Brain in a Digital World. Harper.

57  Delgado, P., Vargas, C., Ackerman, R., & Salmerón, L. (2018). Don't throw away your printed books: A meta-analysis on the effects of reading media on reading comprehension. Educational Research Review, 25, 23-38.

58  Chang, A. M., Aeschbach, D., Duffy, J. F., & Czeisler, C. A. (2015). Evening use of light-emitting eReaders negatively affects sleep, circadian timing, and next-morning alertness. Proceedings of the National Academy of Sciences, 112(4), 1232-1237.

59  Mangen, A., Olivier, G., & Velay, J.-L. (2019). Comparing comprehension of a long

text read in print book and on Kindle: Where in the text and when in the story? Frontiers in Psychology, 10(38), 1-11. https://doi.org/10.3389/fpsyg.2019.00038

60  Baker, L., Scher, D., & Mackler, K. (1997). Home and family influences on motivations for reading. Educational Psychologist, 32(2), 69-82. https://doi.org/10.1207/s15326985ep3202_2

61  Klauda, S. L. (2009). The role of parents in adolescents' reading motivation and activity. Educational Psychology Review, 21(4), 325-363. https://doi.org/10.1007/s10648-009-9112-0

62  McGeown, S. P., Johnston, R. S., Walker, J., Howatson, K., Stockburn, A., & Dufton, P. (2015). The relationship between young children's enjoyment of learning to read, reading attitudes, confidence and attainment, Educational Research, 57:4, 389-402, DOI: 10.1080/00131881.2015.1091234

63  Dehawne, S. (2010). Reading in the brain: The new science of how we read. NY: Penguin Books.

64  Krashen, S. D. (2004). The power of reading: Insights from the research. Libraries Unlimited.

65  Wolf, M., & Potter, K. (2018). Reader, come home: The reading brain in a digital world (p. 200). New York: Harper.

66  Wilkinson, I. A., & Son, E. H. (2011). A dialogic turn in research on learning and teaching to comprehend. In Handbook of reading research, volume IV (pp. 359-387). Routledge.

67  Sumara, D. J. (1998). Fictionalizing acts: Reading and the making of identity. Theory Into Practice, 37(3), 203-210. https://doi.org/10.1080/00405849809543806

# 읽는 아이가
# 미래를 지배한다

**초판 1쇄 발행** 2025년 3월 28일

**지은이** 신종호
**펴낸곳** ㈜에스제이더블유인터내셔널
**펴낸이** 양홍걸 이시원

**홈페이지** siwonbooks.com
**블로그 · 인스타 · 페이스북** siwonbooks
**주소** 서울시 영등포구 영신로 166 시원스쿨
**구입 문의** 02)2014-8151
**고객센터** 02)6409-0878

**ISBN** 979-11-6150-954-9  03370

시원북스는 ㈜에스제이더블유인터내셔널의 단행본 브랜드
입니다.

독자 여러분의 투고를 기다립니다.
책에 관한 아이디어나 투고를 보내주세요.
siwonbooks@siwonschool.com